조용헌의 영지순례

기운과 풍광,
인생 순례자를 달래주다

왜 영지靈地를 순례하는가?

그동안 어지간한 여행은 했다고 본다. 어지간한 여행이란 먹고 둘러보는 여행이다. 익숙하게 생활하던 공간에서 벗어나 낯선 장소로 여행을 간다는 것은 설레는 일임에 분명하다. 아름다운 풍경은 낯선 풍경이다. 여기에서 먹고 마시고 구경하는 일이야말로 삶의 큰 즐거움 아니겠는가. 이러한 여행을 어느 정도 했다면 그 다음에는 영지를 순례하는 것이 순서가 아닐까 싶다. 영지를 순례하면 '느끼고 충전 받기' 때문이다. 휴대폰 배터리 충전하듯이 우리 인체도 바깥에서 채워지는 부분이 있다. 충전이 수시로 잘 이루어지면 원활하다. 건강하고 허무함이나 우울감이 없다.

영지는 한국식으로 표현하면 명당明堂이다. '명明'은 밝음이다. 파자하면, 태양과 달이며, 아침과 저녁, 따듯함과 차가움, 열정이자 이성이다. 음과 양이 조화로운 곳에서 특별한 에너지가 솟는다. 이러한 공간에 머물면 땅에서 뿜어져 나오는 에너지가 몸속으로 들어온다. 흔히 '기를 받는다'라고 표현한다. 기를 받으면 우선 몸이 상쾌해진다. 지뿌둥한 몸 상태가 쾌적해진다. 몸이 쾌적해야만 그 다음 단계로 옮겨간다. 몸이 상쾌하면 마음이 상쾌해진다. 몸과 마음은 같은 쳇바퀴로 돌아간다. 마음이 상쾌해지면서 정신이 또렷해지면 자연스럽게 기도가 된다.

기도는 대자연과 일체가 되는 마음이다. 자기 내면을 들여다보는 일이고, 과도했던 자기 욕심을 내려놓는 일이기도 하다. 기도의 목표와 초점은 저마다의 체질과 환경마다 다를 수 있지만, 자기정화自己淨化라는 측면에서 보면 일치한다. 이러한 자기정화가 자연스럽게 일어나게 해주는 땅이 영지이다. 처음에는 먹고 마시고 즐기는 여행을 하지만, 좀 더 성숙해진 뒤에는 영지순례를 하며 스스로 깨치는 자득지미自得之味의 맛을 느껴보는 것이 한 차원 발전한 여행이다.

그렇다면 어디가 영지인가?

해외에도 영지가 많지만 우리나라 땅에도 영지가 많다. 특히 한반도는 땅 전체에 영지로 가득하다. 신라 말기 도선 국사는 전국에 3,600군데 명당이 있다고 설파한 바 있다. 대륙에서 툭 튀어나와 삼면이 바다와 접한 한반도 자체가 천하의 명당인 셈이다. 우리 땅 그 많은 영지 가운데 우선 필자와 인연 닿은 곳들을 이 책에 소개하였다. 아울러 왜 영지인지, 기운이 잘 안 느껴지는 독자들을 위해 예부터 영지에 켜켜이 쌓여온 이야기들을 소개하였다. 그 가운데 '당취黨聚'는 불교계에 숨어 있는 이야기로, 필자가 오랫동안 추적해온 역사적 진실이다. 풍전등화風前燈火에 놓인 민족의 위기 앞에서, 중생구제를 위해서라면 지옥에 떨어지겠다는 각오로 칼을 든 승려들. 그들의 발길이 닿아 있는 영지를 좇으며 모든 것을 내던진 수행자의 결기를 느껴본다. 더구나 전염병으로 인하여 외국 여행도 어려운 상황이다. '엎어진 김에 쉬어간다'는 말처럼 외국 못 나가는 이런 시기에 우리 땅 곳곳의 영지들을 한 군데씩 다녀보는 것도 의미 있는 일이 아니겠는가.

영지순례기를 쓴 또 하나의 이유는 최근 우리 사회의 좌·우파의 갈등이다. 어느 사회, 어느 시대나 의견은 다를 수밖에 없고 충돌도 있는 법이다. 그러나 너무 심하면 문제이다. 너무 다르면 살상이 일어난다. 한국전쟁이 대표적인 예이다. 동족끼리 의견이 다르다는 이유로 수백만 명이 죽었다. 수백만 명이 피를 뿌리고 죽은 대가로 우리는 무엇을 얻었는가? 그 피의 대가로 우리는 무엇을 획득했단 말인가? 강대국의 이해관계 틈새에서 죽었던 측면도 있지만 우리가 성숙하지 못하고 의견 조정을 하지 못한 측면도 분명히 있다. 부부 싸움도 하는 것이지만 싸움이 심해져 집에 휘발유 뿌리고 불 질러버리는 정도까지 가면 안 된다고 본다.

　　한국인들은 분노조절 장애가 조금씩 있다. 분노조절이 안 되어 일을 망치는 경우가 많다. 이럴 때는 영지를 순례할 필요가 있다. 영지는 분노를 삭혀주는 효과가 있다. 긴장하고 경직된 에너지, 에어air를 빼준다. '인법지人法地 지법천地法天'이라는 말이 있다. 사람은 땅을 본받고 땅은 하늘을 본받는다는 뜻이다. 땅을 본받는다는 것은 땅의 기운을 흡수한다는 의미이다. 명당에서 올라오는 금빛 찬란한 기운, 이 기운이 척추뼈를 타고 올라와 머리를 거쳐 얼굴의 양미간으로 흘러내려 오는 맛을 느끼면 분노는 좀 사그라든다. 세상에는 인간의 이해관계를 넘어서는 대자연의 에너지가 분명 있다. 이 대자연의 에너지를 맛보는 삶과 맛보지 못하는 삶은 차이가 있다. 그 차이는 얼마나 너그러워지느냐에 있다. 나와 타인, 세상사에 대한 너그러움 말이다.

한국의 영지는 기운도 좋지만 그 풍광 또한 일품이다. 아름다운 풍광은 그 자체로 사람을 치유하고 달래주는 효과가 있다. 만사가 시들고 허무하고 분노심이 들고, 세상 헛살았다는 느낌이 들 때는 장엄한 풍광을 마주해야 한다. 인간의 언어로는 치유가 안 되는 부분은 장엄한 풍광이 치유해준다. 대자연이 인간을 달래준다. 땅에서 올라오는 기운도 강하지만, 영지 주변을 둘러싼 풍광 또한 아름답다. 기운과 풍광. 이 두 가지 요소가 인간에게 감동을 준다. 순례자의 고달픔을 보상해주고도 남는 그 무엇이다.

우리네 인생, 다 순례자가 아니던가.

2020년 경자년 동짓달
장성 축령산 휴휴산방休休山房에서
조용헌 쓰다

서문 | 기운과 풍광, 인생 순례자를 달래주다

1장

신령의 땅

그곳에 가면 힘이 솟는다

오대산 적멸보궁　　5만 불보살이 머무는 영지, 산 전체가 거대한 사찰　20

오대산 월정사와 상원사　　명산에는 명인! 전국 도사들의 살롱　36

백암산 운문암　　땅에도 맛집이 있다! 호남의 불교성지　56

오봉산 주사암　　에너지 설설 끓는 그곳에서 신을 설득하다　74

대성산 정취암　　정신세계로 들어가는 입구, 절벽 위 암자　90

계룡산 등운암　　도사들의 영발 충전소　108

**장락산 통일교 본부와
보리산 오하산방**　　종교인에게 영발을,
기업인에게 아이디어를 주는 쌍둥이 산　128

2장

치유의 땅

그곳에 가면 슬프지 않다

서산 간월암	분노가 일 때는 물속의 달을 보라	144
사자산 법흥사	자장 율사가 백골 옆에서 수행하던 돌무덤	160
철원 고석정	도망자 임꺽정의 발길 잡은 절경	178
운길산 수종사	동방의 절 중 제일가는 전망, 수종사에서 마음을 씻다	192
경주 문무대왕릉	문두루비법의 전설, 전국 최대 무당 굿터	208
팔공산 갓바위	누구나 한 가지 소원을 들어주는 부처님	220
한국의 십승지	난리가 나면 어디로 가서 목숨을 부지할 것인가	234

3장

구원의 땅

그곳에 가면 길이 보인다

도솔산 선운사	정화와 보은의 소금이 흐르는 땅	248
선운사 도솔암	조선 당취들의 아지트, 도솔암의 비밀	262
가야산 해인사	전설 속 보물 도장, 해인海印	280
지리산 영랑대	첩첩산중에 놓인 신라시대 인공도로	302
지리산 노고단과 오행사찰	한국 페미니즘의 시원, 삼신할머니	316
지리산 칠불사	시루떡처럼 켜켜이 쌓인 이야기의 보물창고	342
지리산 원통암	서산 대사를 키운 지리산의 심장부	360
지리산 삼신동	지리산 빗점골 나무집에서 25년째 수행 중인 스님	376
덕유산 영각사	왜 이제 산에 왔니? 지금이라도 안 늦었다	390

내가 완전히 나 자신이 되었을 때는 언제인가.

1장

신령의 땅

그곳에 가면 힘이 솟는다

5만 불보살이 머무는 영지, 산 전체가 거대한 사찰

오대산 적멸보궁

오대산 중대, 《금강산도권》, 19세기, 국립중앙박물관

'오대五臺'라는 지명이 범상치 않다. 오대는 5개의 봉우리이고, 이는 동양의 오행五行 사상에 그대로 배치된다. 태극에서 음양이 갈라지고 음양에서 다시 오행으로 분화된다. 오행에서 만물이 배출된다. '수水·화火·목木·금金·토土'라고 하는 오행사상은 우리의 전통문화에 너무나 깊숙이 박혀 있는 사상적 틀이다. 오행의 가운데에는 토土가 있다. 동서남북 사방의 4가지 요소, 즉 수·화·목·금이 모두 토에서 융합된다. 오대산의 동대·서대·남대·북대도 다 개성이 있다. 그리고 가운데에 중대中臺가 있는 것이다. 중대의 적멸보궁에 대해서 이곳이 최고의 명당이라는 데에는 이론의 여지가 없을만큼 한국에서는 내로라하는 영지이다

예로부터 도사道士가 되려면 '표주漂周'라는 과정을 거쳐야 했다. 표漂는 '떠다니다'는 뜻이다. 전국 곳곳을 돌아다니면서 민심을 읽고 세상 흐름을 파악했다. 숨은 영지靈地가 어디인지 정보를 수집하고 고수와 스승을 찾아다녔다. 도가道家 수행자만이 아니었다. 높은 정신세계를 추구하는 수행자들은 좋은 기운이 있는 곳을 찾아다녔다. 자연스레 영지를 중심으로 많은 수행자들이 모여들었고, 그들만의 파派가 형성되었다.

나는 그동안 오대산파五臺山派는 잘 몰랐다. 오대산에 아는 도사가 없었기 때문이다. 사람을 알아야 그 산에 자주 가게 된다. '산부재고山不在高 유선즉명有仙則名'이라는 말도 있다. 산은 높다고 장땡이 아니고 그 산에 신선이 살고 있어야 명산이라는 말이다. 여기서 말하는 신선은 나와 인연이 있는 사람으로 축소 해석하고 싶다.

나는 계룡산파 출신이다. 계룡산파의 특징은 주역과 사주팔자, 국운과 같은 미래 예측에 주특기가 있다. 근래 계룡산파가 배출한 최고의 인물은 김일부(金一夫, 1826~1898년) 선생이다. 그는 《정역正易》이라는 매우 이색적이고 독창적이고 신비로운 책을 써냈다. 그 요체는 후천개벽 시대로 진입, 새로운 패러다임의 세계가 열린다는 것이었다. 후천개벽이 오면 어떻다는 말인가? 여자가 득세한다는 것이고, 상놈과 딴따라가 대접받는 세상이 온다는 것이고, 한국이 '세계를 이끄는 문화의 지도국이 된다'는 내용이었다. 필자가 1980년대 계룡산에 드나들면서 계룡산파 선생들로부터 이 이야기를 들었을 때는 뜬구름 잡는 이야기 같았지만, 요즘 세상을 둘러보면 그리 황당한 것만은 아니라는 생각이 든다.

지리산파의 주특기는 불로장생의 신선 사상에 있다. 인생 7부 능선쯤에서 멈추고 청산으로 들어와서 유유자적하게 살자는 메시지가 내포되어 있다. 합천의 가야산파는 왠지 속세와 떨어져서 소나무 향기가 짙게 밴 도인의 풍모가 있다. 가야산파는 군더더기가 없고 깔끔하다는 특징이 있다. 최치원의 유풍이 남아 있다. 속리산파는 의술과 치료에 주특기가 있었고, 금강산파는 차력借力, 무술武術, 축지縮地와 같은 밀리터리military 도술에 고단자가 많이 배출되었다.

　상대적으로 오대산파는 무엇인가. 그동안 감이 잘 잡히지 않았다. 그러다가 근래에 오대산을 출입하게 되었다. 그 산과 인간의 궁합도 시절 인연이 있다. 너무 젊어서 갔더라면 깊이를 몰랐을 수 있다. 세상 풍파를 어느 정도 겪고 쓴맛도 본 다음에 오대산을 오른 것이다.

규방 깊숙이 숨어 있는 귀족적 미인, 오대산

남한의 서남쪽에 살았던 필자로서는 동북 방향에 있는 강원도 오대산이 접근하기에는 좀 멀었다. 대척점에 있었다. 그렇다고 산의 형세가 바위 절벽이 장엄하고 드라마틱한 모습이냐 하면 그렇지도 않았다. 하지만 육산肉山을 대표하는 오대산의 매력은 숨어 있었다. 화면발 잘 받는 눈에 띄는 미인은 아니지만, 규방 깊숙이 숨어 있으면서도 귀족적인 매력을 풍기는 미인에 비유된다고나 할까.

　우선 '오대五臺'라는 지명이 범상치 않다. 오대는 5개의 봉우리이고, 이는 동양의 오행사상에 그대로 배치된다. 태극에서 음양이 갈라지고 음양에서 다시 오행으로 분화된다. 오행五行에서 우주 만물이 배출된다. '수水·화火·목木·금金·토土'라고 하는 오행사상은 우리의 전통문화에 너무나 깊숙이 박혀 있는 사상적 틀이다. 오행의 가운데에는 토土가 있다. 동서남북 사방의 4가지 요소, 즉 수·화·목·금이 모두 토에서 융합된다. 오대산의 동대·서대·남대·북대도 다 개성이 있다. 그리고 가운데에 중대中臺가 있는 것이다. 음양오행 가지고 글도 쓰고 밥 먹고 살아온 필자로서는 이 오대와 중대라는 지명이 주는 카타르시스가 있다. 어떻게 이리 절묘하게 산봉우리 5개가 형이상을 형이하로 보여준단 말인가!

부처님의 진신사리를 모셨다는 증표로 세운
'세존진신탑묘'. 그 뒤로 용뿔바위가 보인다.

중대는 조선시대 이전부터 도사들이 깊은 애착을 가졌던 지점이다. 지로산地爐山이라는 명칭이 그것이다. '로爐'는 화로라는 뜻이다. 도가의 수련법인 단학丹學에는 외단外丹과 내단內丹이 있다. 외단은 약물로써, 내단은 심신 수련을 통해 불로장생하는 신선이 되는 것이다. 단약丹藥을 제조하는 내단에서는 화로가 핵심이다. 불을 어떤 강도로 조절하느냐, 그리고 화로의 재질이 무엇이냐에 따라 단약의 성패가 결정된다. 화로의 재질이 금이냐 은이냐 동이냐 아니면 쇠와 금의 합성이냐 아니면 옥으로 만든 화로를 쓰느냐에 따라 약물(단약)의 효능이 달라진다. 약물이라는 것은 제조를 해야 하는 것이고, 그 제조는 화로에서 이루어진다. 화로에는 불을 때야 한다. 불은 화학적 변화를 일으키게 해주는 신물神物이다. 범속에서 초월로 넘어가는 경계에는 불이 있어야 한다. 그래서 서양 신화에서도 불을 다루는 대장장이는 굉장히 중요한 역할을 한다. 마법사는 불을 다루는 능력, 그러니까 화로를 다루는 능력이 필수적이다. 한국의 제조업, 특히 자동차와 조선, 고층빌딩을 뒷받침하는 데에는 철강회사인 포항제철이라는 존재가 필수적이었듯이 말이다.

화로가 지닌 또 다른 의미는 내단內丹에서도 나타난다. 외단外丹이 섭취하는 약물을 제조하는 것이라면, 내단은 인체의 오장육부에서 심장의 화기火氣와 신장의 수기水氣를 융합하는 일이다. 내면의 연금술이다. 이 화기와 수기가 만나서 융합하는 장소가 아랫배의 단전丹田이다. 단전에다가 호흡을 통해서 바람을 넣는다. 단전호흡은 화로에 바람을 집어넣는 풀무질에 해당한다. 바람을 너무 세게 넣어도 안 되고 약해도 안 된다. 시기에 따라서 적절한 풀무질이 요구된다. 이 풀무질의 농도 조절이 바로 고도의 내공이라는 것 아닌가. 풀무질이 이루어지는 인체의 단전이 바로 화로이고, 신선이 되느냐 안 되느냐의 승부는 화로에서 결판난다. 오대산 중대를 지로산이라고 명명했다고? 이건 도가道家에서 일찍부터 오대산을 주목했다는 결정적 증거가 아니고 무엇인가. 중대에서 도를 닦으면 사방의 동·서·남·북대에서 '자동빵'으로 에너지가 중앙으로 집중된다는 의미를 내포하고 있기도 하다. 오대산은 그 포진된 5개의 봉우리가 범상치 않은 것이다.

오대산 영적 에너지를 주목한 불교

그러나 오대산이 가지고 있는 영적 에너지의 중요성에 대해서 주목을 한 문파는 도교가 아니라 불교였다. 신라시대 자장 율사가 일찍부터 오대산을 점찍어 놓은 것으로 보인다. 자장 율사가 누구인가. 선덕여왕 때의 대국통, 즉 왕사王師를 지낸 인물이다. 신라를 불교 국가로 만드는 마스터플랜을 짠 고승이다. 황룡사에 구층목탑을 세우는 공사를 기획했고, 울산의 태화강 입구에 태화사라는 절을 세워 신라의 해운물류와 국방의 거점으로 삼았으며, 양산 영축산 밑에 통도사를 건립하여 국가적으로 승려들을 양성하는 시스템을

구축하였다. 그 자장 율사가 바로 오대산을 주목하였다. 중국에서 가져온 부처님의 진신사리眞身舍利를 오대산의 중대 꼭대기에 모셨다. 바로 지금의 적멸보궁이다.

중대의 적멸보궁에 대해서 이곳이 최고의 명당이라는 데에는 이론의 여지가 없을 만큼 한국에서는 내로라하는 영지이다. 사리舍利는 도를 닦은 고승의 뼈를 태우는 화장火葬의 과정에서 나오는 구슬이다. 영롱한 빛깔을 띠고 있다. 황금색도 있고 수정처럼 맑은 빛깔의 사리도 있고, 보라색 사리도 있다. 삼겹살에 소주 많이 먹고 골프만 치고 죽은 범부도 죽어서 화장을 하면 사리는 나온다. 문제는 흑사리가 나온다는 점이다. 영롱한 빛이 없는 거무튀튀한 사리다. 흑사리 껍질은 아무 영험이 없다. 유럽의 이름 있는 수도원에 갔을 때도 수도원의 바닥이나 또는 성당의 밑에 유명 수도사나 신부의 유골을 매장해 놓은 광경을 여러 군데서 목격하였다. 말하자면 법당 바로 밑바닥에 매장해 놓은 셈이다. 필자는 처음 이 광경을 보고 깜짝 놀랐다. 아니 어떻게 평범한 신자들이 기도하고 예배하는 바로 그 발 밑에 무덤을 쓴다는 말인가. 이는 무엇을 뜻하는가.

성자급 사제나 수도사들의 뼈에서 나오는 종교적 영험을 받기 위해서라는 것이 내 추측의 결론이다. 도를 많이 닦은 고단자의 뼈에서는 4차원의 계시나 기도발이 나온다고 서양인들도 믿었기 때문이다. 성자가 꿈에 나타나서 병을 고쳐주거나, 아니면 어떤 미소를 짓거나, 아니면 참나무 가지를 하나 건네주거나, 아니면 이마를 쓰다듬어주거나 한다. 그러면 재수가 있는 것이다. 이건 이론이 아니라 체험이다. 이런 종교적 체험이 누적되다 보면 아예 성당 예배 드리는 바닥에 시신을 매장하는 것이 효과적이다. 시정잡배들 시신을 바닥에 묻어 놓으면 밤에 귀신으로 나타나서 신자들에게 해코지나 하고 신세 타령이나 하겠지만, 그 모든 집착을 다 털고 간 도력 높은 신부들은 신자들에게 도움을 주면 주었지 해코지를 하겠는가. 유럽도 망자의 뼈가 가지고 있는 파워를 일찍부터 인식하고 있었다는 이야기다.

하물며 사리는 뼈의 정수라고 볼 수 있다. 뼈의 진액이 뭉쳐서 사리가 된 것이다. 고 승의 살아 생전 닦아 놓은 모든 내공이 사리에 응축되어 있다고 봐도 된다. 그러니 영험이 없을 리 없다. 사리를 모셔 놓으면 꿈에 상서로운 빛이 나타나거나 아니면 병이 낫거나 인생 근심거리가 사라지는 체험을 많이 한다. 유교를 신봉했던 조선시대에도 불교의 사리를 접하고 난 뒤에 효과를 보았다는 기록이 있다. 〈사리응험기舍利應驗記〉 같은 기록은 당대의 일급 유학자들이 남긴 기록이다. 유학자들도 사리에 대한 신비한 체험을 하고, 그 영험함을 부정하지 못했던 것이다.

인도 옆에 붙은 섬나라인 스리랑카에는 불치사佛齒寺라고 하는 유명한 사찰이 있다. 부처님의 치아사리齒牙舍利를 모셔 놓은 절이다. 영국 식민지 시절에도 영국 사람들이 이 치아사리를 가져가려고 여러 가지 작전을 많이 썼지만 스리랑카 전 국민이 일치단결하여 못 가져가도록 했다는 이야기가 전해진다. 스리랑카가 비록 식민지 지배를 받더라도 부처님 치아사리만 잘 보존하면 언젠가는 영국 지배에서 벗어날 수 있다는 믿음을 전 국민이 가지고 있었기 때문이다. 나도 이 불치사에 가서 치아사리를 친견한 다음에 영험한 꿈을 꾸었던 경험이 있다. 치아사리는 직접 눈으로 친견하려면 매우 어렵다. 날짜, 시간 그리고 뒤로는 '백'을 써야만 가능하였다.

용안수 샘물의 효험

자장 율사가 중국에서 가져온 부처님 진신사리를 오대산의 중대 꼭대기에다 모셔 놓았다. 중대 꼭대기는 엄청난 명당이다. 용의 머리 꼭대기에 해당하는 지점이다. 적멸보궁 법당 뒤로는 용의 뿔을 상징하는 바위가 돌출되어 있다. 용의 뿔에 해당하는 이 바위는 풍수적으로는 1만 볼트 에너지가 들어오는 입수맥入首脈이다. 바위가 돌출되어 있어야만 에너지가 들어오고 있다는 확신이 든다. 적멸보궁에서 약간 밑으로 내려가면 샘물이 있는데, 샘물 이름이 가관이다. 용안수龍眼水이다. 용안수가 양쪽으로 두 군데 있다. 이는 적멸보궁이 용의 머리에 있다는 점을 확인시키기 위한 보조장치이다. 물맛이 좋고 미네랄이 풍부하다고 소문 나서 많은 신도들이 자주 찾아와 마신다. 나도 간 김에 두 바가지나 들이켰다. 좋은 약수는 최고의 건강식품이다. 적멸보궁의 용안수 뿐만 아니라 서대 수정암의 우통수, 동대 관음암의 청계수, 남대 지장암의 총명수, 북대 미륵암의 감로수, 중대 사자암의 옥계수까지 오대산의 샘물은 모두 일급이다. 참고로 지리산 화엄사 뒤로 가면 봉천암鳳泉庵이 있는데 이 봉천암에도 영험한 샘물이 있고, 샘물 이름이 봉안수鳳眼水이다. 봉황의 눈에서 나오는 샘물이라는 뜻이다.

적멸보궁의 용안수는 용의 눈에서 나오는 샘물이다. 적멸보궁의 법당에 앉아 보면 바로 기운이 올라오는 것을 느낀다. 쩌릿쩌릿한 기운이 척추를 타고 올라온다. 올라온 기운은 머리 쪽으로 올라간다. 양 미간 사이에서 빛이 발한다. 약간 누런색 빛도 올라오다가 핑크빛으로 변하기도 한다. 명당에서 올라오는 에너지는 쩌릿한 감으로 느껴지기도 하지만 색깔로도 감지된다. 색깔은 대체적으로 황금색, 흰색, 분홍색 정도다. 영험하다는 기도터에 가서 이런 기운을 느껴야지 영지가 확실히 있기는 있구나 하는 신심을 가진다. 그러려면 몸을 예민하게 가다듬어야 한다. 술, 담배 적게 하고 마음을 화평하게 가지고 평소에 몸을 무리하게 쓰지 말아야 한다. 평온한 상태에서 컨디션을 유지하는 게 도 닦는 것이다.

너무 기뻐하고 들뜨거나 아니면 너무 화내고 근심 걱정 많이 하고 스트레스를 받으면 기감氣感이 떨어진다. 그 중간 상태의 마음을 항상 유지하면 그게 평상심이다. 조주 선사는 '평상심이 도'라고 하지 않았던가! 평상심을 오래 유지하면 자동적으로 기감은 형성된다.

신선이 되어 대낮에 하늘로 올라가다

자장 율사는 오대산의 각 봉우리마다 불교적 의미를 부여하였다. 즉 오대산에는 5만 명의 불보살이 상주하고 있다는 신앙이 그것이다. 봉우리 하나마다 1만 명씩이나 불보살이 있다는 이야기다. '오만진신五萬眞身'이다. 서너 명도 아니고 5만 명이 계신다고 하니 얼마나 성스러운 산이란 말인가! 만약 한국에 기독교가 먼저 들어왔으면 오대산은 기독교적 의미로 해석되었을 것이다.

자장 율사는 동쪽의 동대 만월산에 1만 명의 관음보살이 상주해 있고, 남쪽의 남대 기린산에 1만 명의 지장보살이 있고, 서쪽의 서대 장령산에 1만 명의 대세지보살이 있고, 북쪽의 북대 상왕산에 1만 미륵보살과 오백 대아라한이 있고, 중대의 지로산에 1만 명의 문수보살이 상주한다고 믿었다. 자장 율사에 이어서 신라의 두 왕자가 오대산에 와서 도를 닦았다. 형 보천 태자와 동생 효명 태자 형제이다. 아마도 경주의 왕위 계승 과정에서 신변에 위협을 느끼니까 경주와 멀리 떨어진 오지였던 오대산에 숨어서 수도를 했던 것일 게다. 형편이 풀리니까 동생 효명은 경주로 다시 돌아가서 왕이 되었다. 바로 33대 성덕대왕이다. 유명한 에밀레종이 바로 성덕대왕신종으로 불린다. 형인 보천 태자는 오대산에 남아서 수도를 하였다. 보천은 여기에서 좋은 샘물로 차를 달여 먹고 불보살들에게 차 공양을 한 덕에 육신등공肉身騰空을 했다고 《삼국유사》에 나온다. 육신등공은 육신을 가진 채 그대로 하늘로 올라갔다는 표현이다. 신라 출신 김가기가 중국 종남산에 가서 도를 닦아 신선이 되어 대낮에 백일승천白日昇天하였다는 기록이 있다. 사람들이 다 보고 있는 대낮에 몸이 그대로 하늘로 올라갔다는 의미다. 신선 중에서도 최고 등급이 백일승천이다. 육신등공과 비슷한 의미다.

오대산과 적멸보궁은 6세기 무렵부터 이미 영지로 대접받았던 민족의 성지요, 자기 치유의 땅이니, 영지임이 틀림없다. ▲

몸을 예민하게 가다듬어야 한다.
몸을 무리하게 쓰지 말아야 한다.
평온을 유지하는 게 도 닦는 것이다.

명산에는 명인!
전국 도사들의
살롱

선사의 모델이자 대도인이었던 한암이 목숨을 걸고 지켰던 도량, 상원사. 어찌 신성한 도량이라고 하지 않을 수 있겠는가. 오대산 중대의 꼭대기에 부처님 진신사리를 모신 적멸보궁이 있다면 그 중간에 상원사가 있고, 그 아래쪽에 월정사가 있다. 계곡물이 원형을 그리면서 월정사를 감아 돌아 흘러간다. 물속에 떠 있는 연꽃 같다 하여 이를 연화부수蓮花浮水 형국이라고도 부른다. 물소리는 인간의 의식을 집중시켜주는 효과가 있다. 장마철에 듣는 월정사의 빗소리, 말 그대로 우중월정雨中月精이다.

상원사

명산에는 명인이 있어야 한다. 산은 있는데 사람이 없으면 흰구름과 새소리뿐이다. 고단자는 흰구름과 새소리만 듣고 있어도 자족하면서 살 수 있지만, 중간치는 사람이 있어야 명산의 기운이 전해지고 산과 대화를 할 수 있다. 자연의 진리를 인간에게 전달해주기 위해서는 인물이 중간에 있어야 한다. 신라시대에 자장 율사, 보천과 효명 태자가 오대산에 있었다면 근래에는 한암 선사와 그의 제자 탄허 대사가 있었다.

한암(漢岩, 1876~1951년)이 누구인가? 선사禪師의 대명사가 아니던가. 한암은 한국 불교계에 '선사의 인격은 이런 것이다'라는 모델을 보여준 인물이다. 무엇이 선사의 인격이란 말인가? 깔끔함이 아닐까 싶다. 처신에서 깔끔하다. 이를 유가에서는 출처관出處觀이라고 한다. 선비정신의 핵심이다. 출처관은 언제 들어가고 언제 나갈 것인가를 깔끔하게 처리하는 것을 가리킨다. 물러서야 할 때 머뭇거리고 남아 있으면 볼썽사납다.

한암은 50세 무렵인 1925년에 "천고千古에 자취를 감춘 학이 될지언정 삼춘三春에 말 잘하는 앵무새의 재주는 배우지 않겠노라"는 말을 남기고 오대산 상원사로 들어갔다. 앵무새 노릇은 하지 않겠다는 선언이었다. 그동안 맡고 있었던 불교계의 벼슬을 모두 집어던졌다. 일본 사람들 눈치 보면서 '써준 원고나 읽을 수는 없다'는 심정이었지 않나 싶다. 학으로 남기 위해서 선택한 지점은 오대산이고, 상원사였다. 최후의 승부처로 선택한 장소가 상원사였다. 최후의 승부처란 자기가 죽을 자리라는 의미이다. 이 생각은 평소에 이미 해두었을 공산이 크다. '내가 마지막으로 어디 가서 수도하다가 죽어야겠다'고 생각해둔 지점을 가지고 있어야 수행자이다.

천고의 학이 자취를 감춘 곳

천고의 학이 자취를 감추기 위해서 오대산이 적당하다고 생각한 이유는 무엇일까. 오대산이 그만큼 은둔하기에 좋은 산일까. 아니면 자신과 특별히 궁합이 맞는 산이라고 판단해서였을까. 한암 선사는 1951년에 죽을 때까지 27년 동안 계속 오대산에서 살았으니, 그 일관성이 확인된다. 한암이 도력이 높은 고승이라는 사실은 일본인 고위관리들에게도 소문이 나 있었다. 그래서 일본 관료들이 상원사에 찾아오곤 하였다. 한번은 일본의 고위관료가 상원사를 찾아와 스님과 차를 한잔 마시게 되었다. 한암이 일본 관료의 찻잔에 차를 따라주는데, 찻물이 찻잔에 넘치도록 따랐다.

한암 스님

"아니, 스님 찻물이 넘치는데요?"

"그대의 마음이 이미 꽉 차 있어서 내가 어떤 말을 해도 받아들여지지 않고 넘치는 상태입니다."

또 다른 총독부 관료가 한암을 찾아와 물었다.

"이번 대동아전쟁에서 누가 이길까요?"

"덕이 있는 나라가 이길 겁니다!"

미국도 일본도 아닌 '덕이 있는 나라'는 꼬투리를 잡기 어려운 답변이었다. 일종의 선문답이기도 하였다. 한국전쟁이 발발하기 1년 전인 1949년에 탄허(呑虛, 1913~1983년)는 전쟁을 예측

탄허 스님

하였다. 탄허는 '주역'에 깊은 조예를 가지고 있어서 미래를 예측하는 능력이 있었다. 탄허는 스승인 한암에게 상의를 드렸다.

"스님 내년쯤에 전쟁이 날 것 같습니다. 그러니 오대산을 떠나 남쪽으로 미리 피란을 가는 게 좋을 것 같습니다."

"나는 오대산을 떠나고 싶지 않다. 그러나 너희들은 피란을 가거라. 통도사 극락암의 경봉 선사에게로 가거라."

탄허를 비롯한 한암의 제자들은 경남 양산의 통도사 극락암으로 미리 피란을 갔다. 한암은 홀로 상원사에 머물렀다. 드디어 올 것이 왔다. 한국전쟁이 터진 것이다. 인민군이 거처로 사용하지 못하도록 국군 쪽에서 미리 소각시키는 바람에 전국의 많은 사찰이 잿더미로 변했다. 상원사도 예외는 아니었다. 국군이 상원사 아래쪽에 있는 월정사를 불태운 다음 상원사로 올라왔다.

"스님, 나오십시오. 여기도 소각해야 합니다"

"나는 나갈 수 없소. 나도 같이 불에 태우시오."

한암이 가사장삼을 갖춰 입고 산 채로 화장을 당하겠다는 굳은 결의를 나타내자 불

월정사 석조보살좌상

을 지르러 왔던 국군 장교는 차마 행동에 옮길 수 없었다. 그래서 상원사 법당의 문짝만 몇 개 모아다 놓고 불을 질렀다. 문짝으로 땜빵을 한 것이다. 이렇게 해서 상원사는 한국전쟁 때 불에 타지 않고 보존될 수 있었다.

우중월정, 물소리에 깨치다

도인은 죽을 때 잘 죽어야 한다. 깔끔하게 미련 없이 죽음을 맞이해야 한다는 뜻이다. 죽을 때 구질구질하면 평생 도 닦은 게 헛것이 된다. 도인의 신통력은 평소에는 잘 나타나지 않지만 죽을 때 비로소 온전하게 나타난다는 말이 있다. 한암은 1951년에 죽었다. 앉은 채로 그대로 죽었다. 불가에서 말하는 좌탈입망坐脫立亡이다. 좌탈했다는 것은 죽음의 순간에도 의식이 또렷했다는 증거이다. 죽어가는 자신을 또 하나의 의식이 바라보면서 죽는 것이다. 에고ego가 죽어가는 상태를 우주적 지성(cosmic intelligence)으로 바라보는 상태라고나 할까. 에고는 죽지만 불성, 즉 우주적 지성은 죽지 않는다.

오대산 상원사는 선사의 모델이자 대도인이었던 한암이 목숨을 걸고 지켰던 도량이다. 어찌 신성한 도량이라고 하지 않을 수 있겠는가. 오대산 중대 꼭대기에 부처님 진신사리를 모신 적멸보궁이 있다면 그 중간에 상원사가 있고, 아래쪽에 월정사가 있다. 상원사에 가보니 청룡·백호도 잘 감싸고 있지만 앞쪽에 포진한 안산이 가깝게 자리 잡고 있는 점이 인상적이었다. 안산이 가까우면 그 영험한 기운이 속발하는 법이다. 상원사에서 수행해본 고단자의 경험담을 듣지 못해서 산세의 포진을 보고 영험함을 짐작할 뿐이나. 적어도 백 일 정도는 상원사 법당에 앉아 수행을 해보아야만 그 터의 맛을 볼 수 있다.

상원사 밑으로는 월정사가 있다. 월정사는 물이 좋기로 유명하다. 먹는 샘물도 좋지만 장마철에 월정사에 가 보니 절터를 감아 도는 계곡의 물소리가 귀를 씻어준다.

월정사

月精寺

단원 김홍도가 그린 월정사

월정사 팔각구층석탑

우리나라에서 가장 오래된 종으로 알려진
상원사 동종에 새겨진 비천상

상원사

단원 김홍도가 그린 상원사

계곡물이 원형을 그리면서 월정사를 감아 돌아 흘러간다. 이 점이 참 아름답다. 우중월정 雨中月精이라고 하더니만 역시 장마철에 오니 계곡 물소리의 진수를 들을 수 있었다. 물소리는 인간의 의식을 집중시켜주는 효과가 있다. 잡념을 씻어준다. 물소리를 꿈속에서도 듣고 있는 상태가 되면 한소식 깨친다고 한다. 몽중일여夢中一如가 되는 것이다. 도를 닦는다는 것이 뭔가에 의식을 집중하는 것인데, 이를 화두로 할 것이냐, 아니면 사업 아이템으로 할 것이냐, 아니면 누구를 증오하는 상태로 할 것이냐, 아니면 물소리에 집중할 것이냐이다. 물소리에 집중하는 것이 가장 부작용이 적다. 자연스럽게 집중이 된다. 그러려면 계곡 물소리가 자연적으로 잘 들리는 장소가 필요하다. 그런 장소가 흔하지는 않다. 월정사는 이 조건에 아주 잘 부합하는 지점이다. 물이 절터를 거의 원형으로 감아 돌아가고 있다. 물속에 떠 있는 연꽃 같다. 이를 연화부수蓮花浮水 형국이라고도 부른다.

한암과 탄허 스님의 인연

한국전쟁이 끝난 뒤에 탄허 스님은 양산 통도사에 있다가 월정사로 되돌아왔다. 폐허가

상원사 벽화, 피부병을 앓는 세조의 등을 밀어주는 문수동자 상원사 문수전 앞 사자상

된 월정사에 법당을 짓기 시작하였다. 탄허는 출가 이전부터 이미 수재로 소문나 있었다. 웬만한 경전은 통째로 외워버렸다. 유가의 사서삼경이 머릿속에 저장된 상태로 출가한 것이다. 탄허의 출가에는 한암 스님에 대한 존경이 있었다. 한암 또한 탄허가 출가하기 전 3년여 동안 편지를 주고받았을 만큼 탄허를 신뢰했다.

탄허의 속가 아버지 김홍규는 원래 독립운동을 하던 인물이었다. 전북 김제를 비롯한 전라도 지역 부자들의 자금을 지원받아서 상해 임시정부의 독립자금으로 전달해주는 일도 했다. 그러다가 보천교의 교주 차경석(1880~1936년)을 만나게 되었다. 일제강점기 때 정읍 입암산 밑에 본부를 두고 있었던 민족종교 단체가 바로 보천교이다. 전라도는 물론이고 경상도 사람들도 집 팔고 논 팔아서 그 돈을 가지고 정읍 입암산 아래로 모여들었다. 보천교와 차경석은 일제강점기의 하나의 희망이었다. 차경석이 독립자금 전달하고 다니던 김홍규에게 도술 하나를 보여주었다고 전해진다. 김홍규 집안 사람들 사이에서 전해지는 이야기다. 방 안에서 차경석이 김홍규에게 나무로 만든 2개의 목침을 공중에 띄워놓고 공중에서 부딪치는 장면을 보여주었다. 이를 본 김홍규는 곧바로 보천교에 들어갔다. '도력의 세계가 있는 것이구나!' 차경석의 신봉자가 된 것이다. 뭔가 종교적 이적을 접

중대 사자암 비로전 내부 일만 문수보살상

서대 염불암

해야만 독실한 신봉자가 되는 법이다.

　일제강점기 때 전국의 백만 명이 넘는 신도가 보낸 성금으로 정읍의 보천교 본부 건물이 세워졌다. 목조로 된 화려한 건물이었다. 보천교가 일제에 의해 강제로 해산당하면서 이 본부 건물은 해체되어 옮겨졌다. 바로 지금의 서울 조계사 대웅전이다. 보천교 차경석 밑에는 5명의 핵심 참모진이 포진하였다. 수·화·목·금·토 방향의 참모였다. 그중에서도 가장 비중 있는 방향이 목 방향이었다. 김홍규는 목방주木方主가 되었다. 차경석 다음가는 2인자의 자리가 목방주였다. 독립운동가 김홍규는 민족종교 보천교의 목방주로 거듭난 셈이다. 그래서 탄허는 어렸을 때부터 보천교 본부 건물에서 놀면서 자랐다. 후일 불교로 출가한 그가 조계사 대웅전 기둥 옆에서 '이 건물이 내가 어렸을 때 놀던 건물인데!' 하는 혼잣말을 자주 하였다. 민족종교에 몰입되었던 세대의 자식들은 대부분 나중에 좌익으로 빠졌다. 과학적 사회주의를 해야만 사회를 바꿀 수 있다는 신념 때문이었다. 신흥종교로는 바꿀 수 없다. 괜히 신흥종교에 들어가서 재산 날렸다는 후회가 있었다. 그러나 목방주의 아들이었던 탄허는 자기 또래들이 사회주의로 빠져들었을 때 그 길로 가지 않고 불교로 들어왔던 것이다. 한암 선사와의 인연이 결정적이었다.

　집안 대대로 전해져온 유가儒家의 정신과 보천교 지도자인 아버지의 영향으로 투철해진 민족정신 그리고 한암 선사의 지도 아래 탄허는 유불도는 물론 기독교까지 자재하며 회통하는 사상적 기반을 세웠다. 탄허는 "나의 도를 닦는 정신은 유교에서 가져와 절에서 커졌다"고 저술에서 밝혔다.

도래하는 오대산파의 중흥기

월정사에 머물렀던 탄허 때문에 오대산과 월정사는 전국 도사들의 살롱이 되기도 하였다. 불교의 화엄사상에 정통했던 고승이면서도 유교와 도교를 비롯한 음양오행 사상에 해박했던 탄허의 안목 덕분에 전국의 도사들이 월정사에 놀러왔다. 탄허는 이 도사들에게 후하게 대접하였다. 밥도 먹이고 여비도 챙겨주었다고 전해진다. 계룡산 정역파의 계승자로서 일제강점기 때 만주 일대를 방랑하면서 수많은 기인과 일합을 겨루기도 하고, 자연 풍광을 접하면서 풍류를 즐겼던 해운海雲이라는 인물이 대표적이다. 호걸풍이면서도《정역》을 비롯한 동양사상에 깊은 조예가 있었던 해운은 한번 월정사에 오면 한두 달씩 탄허 스님과 겸상을 하였다고 한다. 무슨 이야기를 했을까. 탄허와 해운은 만나기만 하면 한 달이 넘게 이야기꽃을 피웠다고 한다. 아마도 도사들의 기행담과 미래 세상의 운수 변화가 주된 테마였을 것으로 짐작된다.

탄허가 남긴 예언, 즉 '일본열도는 물속에 가라앉게 된다. 후천개벽이 되면 여자가 상위에 오른다. 한국이 세계적인 문화의 주도국이 된다'와 같은 예언들은 정역파들과의 교류에서 받은 영감일 수도 있다. 아무튼 불교계의 고승이면서도 유교와 도교에 해박하였던 탄허가 있었기에 오대산의 사상적 메뉴는 풍성하게 되었다.

자기 것만 최고이고 다른 것은 별거 없다고 천시하는 게 일반적인 풍조인 데 반해 탄허의 월정사 가풍은 모든 것을 품어안는 바다처럼 포용적이다. 자장 율사 이래로 5만의 보살이 상주한다고 믿어온 오대산은 한암, 탄허를 거쳐서 근래에 운세가 열렸다. 평창올림픽이 열리면서 고속철이 오대산역을 통과한다. 서울 청량리역에서 1시간 10분 남짓이다. 현재 주지인 정념正念 스님은 탄허 이래로 호방하고 포용적인 가풍을 이어받아 월정사를 새롭게 넓혀나가고 있다. 두 해 전 절 밑에 문을 연 명상마을(오대산자연명상마을)도 정념의 원력이다. 종교를 초월하여 다양한 명상·힐링 프로그램이 운영되는 명상마을은 정신적 위기에 처한 현대인들이 오대산의 정기를 나누어 받을 수 있도록 하는 장치가 아닐 수 없다. 오대산파의 중흥기가 도래한 것으로 보인다. ⛰

천하에 가장 부드러운 물은

천하에 가장 단단한 바위를 뚫고

형체도 없는 기氣는

빈틈없는 곳에도 스며든다.

_ 노자

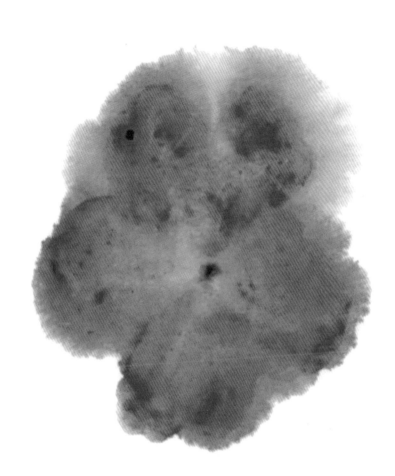

땅에도 맛집이 있다!
호남의 불교성지

예로부터 우리나라에서 공부하기 좋은 이름난 수행터로 북쪽에서는 금강산 마하연을, 남쪽에서는 백양사 운문암을 양대 도량으로 꼽았다. 운문암에 머물렀던 역대 수행자들이 찬탄했던 대목은 암자 앞으로 펼쳐진 호쾌한 풍경이다. 시원하다, 호쾌하다는 감탄이 나오는 풍광을 지니고 있다. 저 멀리 앞으로 광주의 무등산이 보이고, 그 왼쪽으로 순천의 조계산, 화순의 모후산, 그 옆으로 광양 백운산의 바구리봉이 보인다. 호남의 내로라하는 명산들이 도열해 있다.

수불 스님

머리를 깎고 불교 승려가 되면 뭐가 좋을까? 전국의 명산들, 기운 좋고 경치 좋은 곳에서 한철 또는 몇 년씩 살아 볼 수 있다는 점이 아닐까 싶다. 도를 깨치면 좋지만 못 깨치더라도 한 세상 태어나 명산의 명당에서 살고 간다는 것은 남는 장사 아닌가.

산마다 암자마다 다 기운이 다르다. 풍광이 다른 것은 당연하지만 그 터에서 올라오는 땅 기운이 다르다는 것이 중요하다. 비유하면 비타민 같은 터가 있고, 단백질이 올라오는 터가 있고, 어떤 터는 칼슘에 해당한다. 칼슘이 부족할 때는 칼슘이 많은 터에 가서 몇 년 살다 보면 보충이 된다. 타이밍마다 부족한 기운이 다를 수 있다. 공부의 정도에 따라 요청되는 에너지도 다 다르다. 특히 사람의 기질에 따라 다르기도 하다. 성질이 급한 사람들은 물이 감아 돌거나 호수가 앞에 보이는 수기水氣가 풍부한 터에서 살면 자연히 완급 조절이 된다. 반대로 내성적이면서 조용한 성격의 사람들은 바위가 험하게 돌출된 도량에서 살다 보면 또한 보강이 된다.

안국선원의 수불修弗 스님은 27~28세 무렵에 '한소식(불가에서 말하는 돈오頓悟, 일순간 깨우침)' 한 것으로 알고 있다. 불가에서 말하는 한소식을 하면 마음이 크게 이완된 상태로 접어든다. 삶이 주는 압박감과 긴장에서 벗어난 상태이다. 인간은 태어남과 동시에 누가 가르쳐주지 않아도 본능적으로 '긴장'을 몸에 익힌다. 문제는 릴렉스, 즉 이완이다. 이완이 고도로 어렵다. 흔히 긴장을 풀라고 하지만 말처럼 쉽게 풀어지지 않는다. 어찌 보면 긴장을 푸는 과정이 바로 도 닦는 과정이다. 제대로 된 이완은 한소식을 해야 되는 것이지 싶다.

이완이 되면 막혀 있던 몸의 경락도 다 열리게 된다. 긴장을 하면 경락이 막히고 굳어지게 된다. 막힌 것이 오래 가면 병으로 진전된다. 이완이 되면 막혀 있던 나디(Nadi, 에너지가 흐르는 몸속 통로)들이 모두 열린다. 경락이 열리면 땅(터)의 기운이 모두 몸으로 느껴진다. 또 상대하고 있는 사람들의 기운도 모두 느껴진다. 기경팔맥奇經八脈이 열리는 이완이 되면 물아일체物我一體 상태가 된다. 이런 상태로 명산의 사찰과 명당을 둘러보게 되면 그 터의 맛이 제대로 느껴진다.

터의 맛! 발뒤꿈치로 호흡하는 경지

터의 맛! 이게 가장 진미이다. 《미쉐린 가이드》가 식당의 음식 맛을 보고 별을 하나 주고 두 개 주고 그러지만 필자는 터의 맛을 보고 다니는 사람이다. 문제는 필자가 한소식 하지 못해서 제대로 깊은 맛을 보지 못한다는 점이다. 대강은 알지만 아주 속 깊은 맛은 쉽게 못 느낀다. 인생의 압박에서 벗어나지 못하고, 크게 쉬지 못했기 때문이다. 엊그제 수불 스님과 가회동 안국선원에서 차를 한잔하면서 그동안 당신이 다녀보았던 터에 대한 느낌을 들어볼 기회가 있었다.

"외국에도 기운이 강한 명당들이 많이 있습니까?"

"남인도에 갔을 때 아주 특이한 기운이 느껴지는 사원이 있었어요. '스리랑감 Srirangam'이라는 힌두교 사원인데, 강의 하류 지점인 삼각주에 위치하고 있었어요. 건축 구조도 특이했어요. 7겹의 성벽이 겹겹이 둘러싼 사원이었죠. 가장 가운데 있는 7번째 장소는 황금지붕이 씌워져 있고, 일반인들이 못 들어가게 통제하는 지점이었죠. 사원의 지킴이가 예외적으로 나를 들어가게 해주었어요. 외국인이지만 아마 머리 깎은 승려이니까 허용했던 것 같아요. 7번째 방에 발을 들여놓는 순간 발바닥으로 어떤 강력한 기운이 쑥 들어오더군요. 발바닥에는 용천혈湧泉穴 자리가 있는데, 이 혈자리로 뭉클하면서 기운이 강하게 들어왔어요. 발바닥과 종아리를 거쳐 하반신으로 들어오는 땅 기운은 이때 처음으로 느꼈지요. '아! 이거 무슨 허망한 기운인가' 하고 주시하면서 기운 돌아가는 것을 바라보았지만, 아주 강력한 기운이기는 했어요. 옛날 인도 사람들도 그 기운을 알고 그곳을 특별한 장소로 숭배했던 것 같아요. 조 선생도 언제 시간 되면 한번 가보시오."

《장자莊子》에 보면 '진인종식眞人踵息'이라는 표현이 등장한다. '종踵'은 발꿈치를 뜻한다. 진인은 발뒤꿈치로 숨을 쉰다는 의미가 된다. 발뒤꿈치로 호흡을 한다는 의미는 무엇인가? 그만큼 깊은 호흡을 한다는 뜻이다. 마음이 급하면 숨이 헐떡거린다. 코끼리가 풀만 먹는데 힘이 세고 오래 사는 이유는 긴 코를 통해서 호흡이 깊고 느리기 때문이다. 모든 긴장에서 풀려 이완이 되면 발뒤꿈치에서 호흡하게 된다. 불가에서는 마음을 강조하기 때문에 몸의 경락과 혈자리의 기운 돌아가는 부분에 대한 설명이 소략하다. 그러나 이완이 되면 경락으로 기운 돌아가는 현상을 느끼기는 도가道家나 같다. 용천혈이나 발뒤꿈치나 비슷한 개념이다. 남인도의 스리랑감에서 수불 스님은 강력한 지기가 올라오는 종식踵息 현상을 특별히 느낀 것 아닌가 싶다.

무등산, 조계산, 모후산, 백운산, 명산들이 운문암으로 도열하다

"국내에서 백양사 운문암雲門庵은 어떻습니까?"

"운문암은 모든 수좌들이 한 철쯤은 공부하고 싶어하는 곳이죠. 역대 내로라하는 선지식들이 한 번씩 거쳐간 이름 있는 공부 도량 아닙니까."

전남 장성군에 있는 백양사는 절 뒤쪽에 약간 흰색을 띤 거대한 암벽이 서 있는데, 이 암벽을 백학봉白鶴峰이라고 부른다. 멀리서 보면 커다란 백학이 앉아 있는 모습이다.

백양사

백양사 대웅전의 동자 조각상

사람을 압도하는 백학이다. 산꾼들이 말하는 호남정맥의 끝자락이다. 끝자락에 명당이 많다. 마지막 자리에 기운이 뭉치기 때문이다.

백양사 뒤쪽 산길로 가파른 고갯길을 올라가면 운문암이 나온다. 예로부터 우리나라에서 공부하기 좋은 이름난 수행터로 북쪽에서는 금강산 마하연을, 남쪽에서는 백양사 운문암을 양대 도량으로 꼽았다.

　　운문암은 해발 500m 위치에 있다. 우선 풍수를 살펴보자. 바닥은 암반이다. 암반이니까 기운이 세게 올라오는 것은 당연하다. 어찌 되었든 공부 터는 암반으로 되어 있는 것이 유리하다. 이 터의 강한 기운이 머리 회전을 빠르게 한다. 운문암 바로 뒤에 솟은 봉우리는 상왕봉象王峰, 코끼리처럼 생긴 봉우리라는 뜻이다. 코끼리는 불교적인 직명이나. 이 상왕봉에서 좌우 양쪽으로 청룡, 백호가 갈라져 나간다. 좌청룡은 기린봉을 거쳐서 백학봉으로 떨어진다. 백학봉이 바위 봉우리니까 청룡이 아주 강한 편이다. 좌청룡이 남자에 해당하고, 양의 기운에 해당하니까 바위 암벽으로 내려간 점이 이치에도 맞다. 우백호는 부드러운 육산이다. 사자봉을 거쳐 도집봉道集峰으로 내려갔다. 도집봉은 바위가 전혀 보이지 않는 부드러운 육산이다. 좌청룡의 백학봉과는 음양의 관계이다. 한쪽이 강하면 한쪽은 이 강기를 수용하고 안아주는 게 이치에 맞다. 둘 다 강하면 부딪친다. 도집봉 에너지가 최종적으로 내려간 곳이 백양사의 극락전이다.

　　운문암에 머물렀던 역대 수행자들이 찬탄했던 대목은 암자 앞으로 펼쳐진 호쾌한 풍경이다. 시원하다, 호쾌하다는 감탄이 나오는 풍광을 지니고 있다. 저 멀리 앞으로 광주의 무등산이 보이고, 그 왼쪽으로 순천의 조계산, 화순의 모후산, 그 옆으로 광양 백운산의 바구리봉이 보인다. 호남의 내로라하는 명산들이 도열해 있다. 이처럼 봉우리들이 멀리서 도열해 있는 광경을 가리켜 풍수가에서는 군신봉조群臣奉朝라고 평한다. 여러 신하들이 이쪽을 향해서 인사를 하고 있는 형국이다. 이쪽이라 하면 바로 운문암이다. 운문암

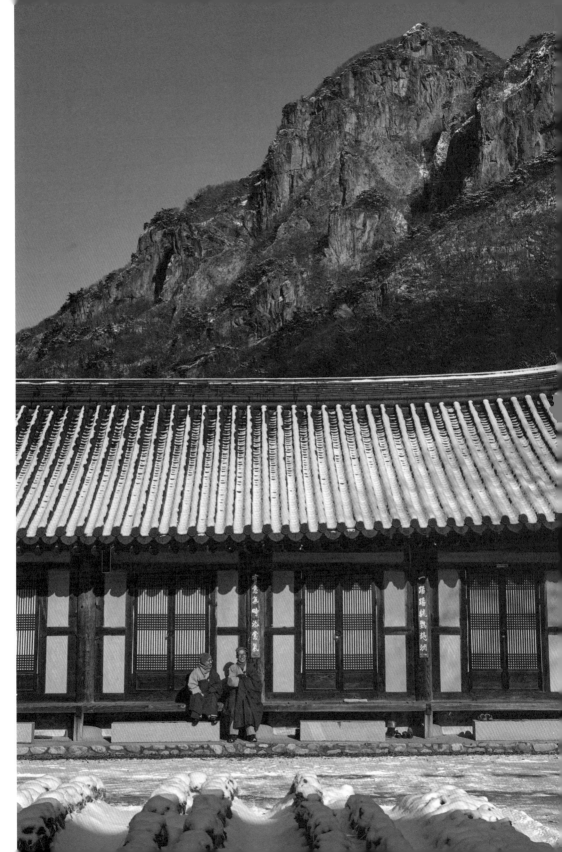

을 찾았던 선지식들이 마음에 들어했던 부분은 군신봉조의 풍광이 아닌가 싶다. 암자 바닥은 기운으로 끓고 풍광은 신하들이 군왕에게 하례를 올리는 모습이니 어찌 시원하다는 마음이 들지 않겠는가! 조안산(朝案山, 전면에 보이는 산)이 읍(揖, 두 손을 가지런히 하고 고개를 숙이는 모양새)을 하고 있다. 운문암에서 하루 종일 좌선 방석에 앉아서 화두를 참구하면 머리로 열이 오를 수 있다. 이 열을 곧 바로 내려주는 풍광이 아닐 수 없다.

고려시대 각진 국사를 필두로 해서 수많은 도인들이 운문암을 거쳐갔다. 조선시대에는 호남에서 부처의 화신이라고 일컬어지는 진묵 대사가 수도했고, 담양이 고향이었던 소요태능 선사. 그리고 용성 선사가 운문암과 인연이 깊다. 구한말 일제 강점기에는 학명 선사, 만암 선사, 금타 화상, 전강 선사, 서옹 대화상, 청화 스님과 같은 도인들이 운문암에서 수도하였다. 청화 스님(淸華, 1924~2003년)의 운문암 인연도 흥미롭다. 청화 스님은 일제시대 때 일본에서 메이지 대학교를 다니다가 일본 해군에 끌려왔다. 경남 진해에서 해군 훈련을 받던 중 해방이 되었다. 갑자기 해방이 되자 진해에서 고향인 전남 무안으로 돌아

온 청화는 청운고등공민학교(현재의 망운중학교)를 세웠다. 그만큼 속가 집안이 여유 있는 집이었다는 뜻이기도 하다. 사람들은 청화를 '이사장 스님'이라고 부르기도 하였다. 학교 운영을 하였지만 해방 이후 사회적으로 좌우익 충돌이 심하였다. 그 틈바구니에서 시달리던 중 집안 형님이 일찍 출가하여 운문암에 머무르고 있었다. 그 인연으로 학교를 운영하던 중에 운문암에 들렀다가 결국 머리 깎고 스님이 되었다.

청화가 처음 운문암에 들렀을 때 당시 수도하

청화 스님

던 스님들이 젊은 속인이 오니까 좌선 방석을 하나 내주면서 '좀 앉아 있어 봐'고 했다고 한다. 청화는 4시간을 꼼짝 않고 방석 위에 앉아 있었다. 4시간여 조금도 흔들림 없는 모습을 보고 운문암의 승려들이 청화에게 '머리 깎으라'고 권유도 했을 것이다. '가만히 보니 당신은 전생에도 참선을 했던 승려가 분명하다'고 하지 않았을까. 청화는 50년 넘게 장좌불와와 하루 한 끼 식사로 투철한 수행을 했다. '우리 시대의 성자'라는 소리를 들었다. 불교는 물론 철학과 자연과학까지 넘나들던 그는 불교의 회통會通을 주장한 선지식이었다. 언젠가 토굴 생활은 어떠시냐는 한 거사의 물음에 청화는 이렇게 답했다고 한다.

"바람이 있고 달이 있습니다. 하늘에서는 신묘한 음악이 흐르고 있습니다. 그 이상의 행복이 어디 있겠습니까?"

북두칠성의 기운이 쏟아져내리는 곳, 운문암 칠성전

결제철에는 일반인이 운문암에 들르기가 힘들다. 수행에 방해되는 것 같아 머리 긴 사람이 말 붙이기 좀 미안하다. 하안거가 끝나고 운문암의 선원장을 맡고 있는 정견 스님과 이야기를 나누게 되었다.

"이 터는 왜 이름을 운문이라고 했나요?"

"겨울에는 북서쪽에서 몰려오는 구름과 여름에는 남서쪽에서 오는 구름이 모두 이 상왕봉 아래의 운문암으로 지나갑니다. 구름이 지나가는 길목입니다. 그래서 이름을 운문암이라 했다고 합니다. 해발 500미터에 자리해서 여름에도 시원한 편입니다. 아래쪽의 백양사와 3~4도 기온 차이가 납니다. 평지에서 운문암을 바라보면 항상 구름에 쌓여 있는 것처럼 보이기도 합니다."

"운문암에 칠성전七星殿이 예로부터 유명하다고 들었는데, 그만큼 영험이 있었나요?"

"칠성전 영험이 대단했습니다. 운문암에 모여 살던 수좌들이 꽤 되었는데요, 그 많은 사람들이 먹고 사는 공양물이 바로 칠성전에서 나오는 불공에서 나왔습니다. 칠성전 영험을 체험하고 불공 드리는 신도들의 성금으로 수좌들이 공부를 할 수 있었던 것이죠."

"왜 운문암 칠성전에 그렇게 영험이 있었던 것입니까?"

"하늘의 북두칠성 기운이 곧바로 운문암으로 떨어진다고 옛 어른스님들이 말씀하셨습니다. 겨울철 새벽에 좌선을 끝내고 아침 6시쯤 마당에 나와서 하늘을 올려다보면 북두칠성의 마지막 일곱 번째 별이 운문암 바로 위에 떠 있습니다. 국자 손잡이 부분이기도 한 일곱 번째 별이 이곳을 향하고 있지요. 칠성전이 영험한 이유입니다. 아쉽게도 한국전쟁 때 토벌대가 칠성전에 불을 질렀습니다. 칠성전 안에 모셔져 있던 칠성님들은 지금은 암자 아래의 백양사 칠성전에 모셔져 있습니다. 불에 탄 운문암 칠성전을 다시 복원하려고 현재 기금을 모으고 있습니다."

우리나라 토속신앙의 3대 축이 있다. 산신, 칠성, 용왕이다. 산에 가서는 산신을 숭배하였고, 강이나 호수, 바다에서는 용왕을 믿었다. 그리고 하늘의 신이 바로 칠성이었다. 이 북두칠성 신앙이 사실은 매우 뿌리가 깊다. 북방 유목민족들은 유라시아 대륙에서 가축을 이끌고 이동했다. 이동에는 방향과 시간이 절대적으로 중요하다. 유목민의 목숨이 달린 문제이기 때문이다. 이 방향과 시간을 가리켜주는 이정표 역할을 한 별자리가 북두칠성이었다. 칠성은 하루 저녁에도 가만히 있지 않고 빙빙 돈다. 칠성의 1번 별인 추성樞星을 꼭지점으로 해서 한 바퀴 돈다. 이때 6번과 7번 별을 시침時針이라고 부른다. 하늘의 시계 바늘이다. 이 시침이 어느 방향

소림굴 뒤쪽이 옛 칠성전 자리이다.

을 향하고 있는가에 따라서 밤 하늘의 방향과 지금이 몇 시쯤인가를 가늠하였다. 손목시계가 없던 고대에는 하늘에 떠 있는 거대한 시계가 바로 칠성이었다. 손목시계가 발명된 이후 인간은 하늘에 떠 있는 태초의 원형시계를 잊어버린 셈이다. 하늘에 떠 있는 시계란 결국 무엇인가? 시간의 신神이다. 칠성은 시간을 관장하는 신으로 떠받들여졌다. '사막의 대상大商들이 하늘의 별을 바라보며 오고 가던 때가 행복했었다. 별빛이 길을 밝혀주던 시대는 얼마나 행복했던가'라는 게오르크 루카치의 탄식은 '칠성님을 믿고 따라가던 시절이 좋았다'로 들린다.

칠성은 인간세계의 시간을 관장하는 신이라고 북방 유목민족은 믿었기 때문에 사람이 죽으면 칠성님에게 돌아간다고 믿었다. '돌아가셨다'는 말은 칠성님에게 돌아갔다는 뜻이다. 이승에서 죽었다는 것은 하늘로부터 부여받은 시간을 다 써버렸다는 말이다. 다 썼으니까 다시 칠성님에게 돌아가서 시간을 새로 부여받아야 한다. 새로 시간을 부여받기 위해서 칠성님에게 돌아가는 셈이다. 군대에서도 병사가 죽으면 시체를 얹어 놓는 바닥 판자에 칠성이 새겨져 있다. 소위 칠성판이다. 죽을 때는 칠성판 위에 누워서 간다. 그런가 하면 사람이 죽었을 때 새끼줄로 관을 묶는데, 이때 일곱 개의 가닥으로 묶는다.

우리 민족의 고대 토속신앙인 칠성 신앙이 불교 사찰로 흡수되어 칠성각, 또는 칠성전으로 명맥이 이어져 오고 있는 것이다. 칠성각보다 더 영험하고 한 급 위의 호칭이 칠성전이다. 각閣보다 전殿이 앞에 온다. 대개는 칠성각이라고 부르는데, 백양사에서는 칠성전이라고 간판이 달려 있다. 그만큼 높여 부르는 호칭이다. 영험하니까 높여 부른다.

영험한 명당터는 그 땅의 형상과 풍수도 중요하지만 그 터에 조림照臨하여 비추는 별의 각도가 어떤지도 중요하다. 대명당大明堂은 칠성이 조림하는 곳이다. ▲

바람이 있고 달이 있습니다.

하늘에서는 신묘한 음악이 흐르고 있습니다.

그 이상의 행복이 어디 있겠습니까.

＿ 청화

에너지 설설 끓는
그곳에서
신을 설득하다

오봉산 주사암

오봉산의 정상은 바위로 되어 있었다. 바위 모습이 장수의 투구 형태이다. 투구바위가 있으면 장수가 배출된다. 충청도의 김좌진 장군 생가터에서 앞산을 바라보면 오른쪽 멀리에 투구바위가 보인다. 이 투구바위의 정기를 받고 김좌진 장군이 배출되었다는 이야기가 풍수가에서는 회자되고 있다. 전북의 회문산回文山이 투구 형태로 되어 있는 산이다. 군인들이 쓰는 철모 위로 뾰족하게 바위가 솟아 있으면 투구 형태로 간주한다. 이 터에는 장수가 거처하거나 아니면 밀리터리 에너지가 꽉 차 있다고 짐작할 수 있다.

《신증동국여지승람》에 주사암朱砂庵에 대한 전설이 기록되어 있다.

> "신라시대에 한 도인이 이곳에서 신중삼매神衆三昧를 얻고 스스로 말하기를 '적어도 궁녀가 아니면 내 마음을 움직이지 못할 것이다'라고 하였다. 귀신의 무리들이 이 말을 듣고 궁녀를 훔쳐 새벽에 갔다가 저녁에 돌려보내곤 하였다. 궁녀가 두려워하여 임금에게 보고하였다. 임금은 궁녀가 가서 자는 곳에 붉은 암석에서 나온 물감인 주사朱砂로 표시하게 하고 군사를 풀어 그곳을 찾게 하였다. 오랜 수색 끝에 이곳에 도착하여 보니 붉은 주사의 흔적이 바위 문에 찍혀 있고 늙은 도인이 바위에 한가로이 앉아 있었다. 임금이 그의 요사스러운 행위를 미워하여 용맹한 군사 수천 명을 보내 죽이려고 하였으나, 그 도인이 마음을 고요히 하고 눈을 감은 채 한 번 주문을 외우니 수만의 신중神衆이 나타나서 산과 골짜기에 늘어섰다. 군사들이 놀라 물러섰다. 임금은 그가 이인異人임을 알고 국사國師로 삼았다. 이후로 절 이름을 주사암이라고 하였다."

이 전설을 읽으면서 주사암을 꼭 한번 가봐야겠다고 마음먹었다. 하늘에서 신중이 내려왔다는 이적이 흥미를 유발하였다. 특히 신통력을 가능케 한 방법이 주술이라는 점, 도인이 궁녀를 좋아하였다는 부분이었다. 대개 도인이라면 색계色戒를 지키는 게 일반적인데 말이다. 주술을 연마함으로써 신중을 불러들일 만한 터는 어떤 입지조건을 갖춘 터인가. 주술을 외운다고 해서 누구나 신통력을 갖게 되는 것은 아니다. 주술을 외워서 효험을 볼 수 있는 터는 정해져 있다. 입지조건이 맞지 않는 곳에서 아무리 주술을 외워 보아야 헛방이다. 노력에 비해서 얻는 효과가 미미하다. 문제는 입지조건, 터가 주는 파워에 달려 있다.

　과연 주사암 터에는 천몇백 년이 지난 지금에도 신중이 머무르고 있는가 하는 것이 주사암에 가고 싶었던 주요한 관심사였다. 이런 터는 보통 사람과 가는 게 아니다. 술 먹고 고기 좋아하는 범부들하고 가면 자칫 잡담이나 하다가 초점이 흐려질 수가 있다. 천안天眼이 열린 도인하고 가야 한다. 눈에 안 보이는 세계와 눈에 보이는 세계 사이의 상호 착종하는 관계를 법계연기法界緣起라고 한다. 법계의 세계가 어떻게 돌아가는지를 조금이나마 짐작해 보기 위해서는 천안통이 열린 도인과 함께해야 한다. 그러나 도인이 어디 그리 흔한가! 팔공산에서 도 닦고 있는 팔봉八峰 선생과 함께 주사암에 올라갔다. 팔봉 선생은 천안통이 열린 분이다. 보이지 않는 것을 본다. 인간 세계에는 보이지 않는 부분이 더 많다. 이 보이지 않는 부분이 현실세계를 좌우할 수도 있다.

장수 배출하는 투구바위

주사암은 경북 경주 서쪽의 오봉산에 있다. 오봉산은 해발 730m, 주사암은 거의 정상 부근 바위 아래에 웅크리고 있었다. 암자의 위치는 대략 700m쯤 될까. 암자로 올라가는 고갯길이 아주 가파르다. 특히 '갈 지之' 자로 올라가는 고갯길이라서 세단은 불편하다. 올라갈 때 앞쪽 휘어지는 길이 잘 보이지 않아서 위험하다. 지프가 편할 것 같다. 오봉산의 정상은 바위로 되어 있었다. 바위의 형상을 보니까 그 생김새가 투구바위이다. 바위 모습이 장수의 투구 형태로 되어 있다. 투구바위가 있으면 장수가 배출된다. 충청도의 김좌진 장군 생가터에서 앞산을 바라보면 오른쪽 멀리에 투구바위가 보인다. 이 투구바위의 정기를 받고 김좌진 장군이 배출되었다는 이야기가 풍수가에서는 회자되고 있다. 전북의 회문산回文山이 투구 형태로 되어 있는 산이다. 주사암의 정상은 투구로 되어 있다. 군인들이 쓰는 철모 위로 뾰족하게 바위가 솟아 있으면 투구 형태로 간주한다. 이 터에는 장수가 거처하거나 아니면 밀리터리 에너지가 꽉 차 있다고 짐작할 수 있다. 군사 훈련터로도 적합하다.

마당바위

암자는 투구의 안쪽에 들어가 있는 형국이었다. 투구가 암자를 둘러싸고 있다는 말이기도 하다. 그리고 이 암자 터가 전체적으로 보면 'ㄷ' 자 바위 동굴에 해당한다. 'ㄷ'자로 바위가 둘러싸고 있으면 에너지가 빠

주사암 편액

져나가지 못하고 압력밥솥처럼 농축된다. 거기에다 암자 입구부터 양쪽에 석문石門이 버티고 있다. 선계仙界에 들어가려면 반드시 석문을 통과해야 한다. 돌문이 있다는 것은 이 돌문의 에너지로 인해서 성聖과 속俗의 세계를 구분해주는 작용을 한다. 그래서 도교의 오래된 사원이나 불교의 사찰, 또는 자연적인 수행터 입구에 석문이 자리 잡고 있는 경우가 많다. 입구에 들어갈 때 석문이 있으면 '아! 이 터는 보통 터가 아니구나!' 하고 짐작해야 한다. 주사암이 바로 그런 터였다.

신을 설득하는 소리

대웅전 옆으로 '朱砂菴'이라는 현판이 걸린 조그만 법당이 있었다. 법당의 뒤쪽 바위 맥을 보니까 투구바위의 에너지가 이 법당으로 들어오고 있었다. 법당에 들어가 참배를 하고 10여 분 정도 마루에 앉아 있어 보니 기운이 바닥에서 강하게 올라온다. 찡하게 머리로 올라온다. 옆에 있던 팔봉 선생에게 물어보니 아니나 다를까 특별한 진단이 내려진다.

"이 법당 안에 신장神將이 머무르고 있습니다. 오래전부터 존재해왔던 신장입니다. 아마도 여기에서 신도들이 기도를 하면 신장으로부터 받는 어떤 영험이 있을 것입니다."

언제부터 신장이 있었던 것이라고 보여지는지 묻자 "적어도 수천 년은 되었을 것입니다. 수만 년이 되었을 수도 있습니다. 체계화된 종교가 없던 원시시대부터 자리 잡고 있

투구바위

논리와 이성으로 해결이 안 되는
일은 그 시대마다 주금사를
동원하곤 하였다. 주술의 전통은
고대부터 신라로 이어져 현재까지
이어져 온다. 주술 전통의 유적지
가운데 하나가 바로 주사암이다.
더군다나 이 암자의 법당에는
아직도 정신세계의 신장이 머무르고
있으니, 효험이 마르지 않고
계속되고 있다.

었을 가능성이 높습니다. 수만 년 전에 도를 닦은 정신세계의 고단자가 육체를 벗은 다음에 이 터에 자리 잡았을 가능성이죠. 이 터의 바위 형태가 투구바위로 되어 있으니까, 그 투구바위의 에너지에 맞는 정신세계의 존재가 거주할 수 있는 것입니다"라는 답변이 돌아왔다.

팔봉 선생과 이런 이야기를 나눠 보니 신라시대에 하늘의 신중을 불러서 임금의 군사를 제압했다는 전설이 이해가 된다. 신중神衆, 또는 신병神兵은 정신세계에 존재하는 에너지이다. 이 신중(신병)들이 거처하기에 적합한 터가 투구바위로 되어 있는 주사암이다. 일반 평지에서 신중을 불러모으기에는 적합하지 않다. 앞뒤가 맞아야 하는 것이다. 문제는 이 신중을 부리는 파워이다. 전설에는 주술로 되어 있다. 주술은 무엇이냐. 신을 설득하는 소리이다. 소리 자체는 파워가 있다. 같은 사운드를 계속해서 반복하면 그 파장이 공간을 타고 전체로 퍼진다. 신라시대에 존재했던 신인종神印宗이 바로 주술을 전문적으로 연마해서 신중을 부리는 주특기가 있었다. 신라의 명랑 법사가 감포 앞바다에서 신라를 침략해 들어오는 당나라 수군을 물속에 수장시켰다는 주술이 바로 신인종의 주술 아니었던가.

고대 세계로 올라갈수록 주술의 힘이 큰 비중을 차지하였다. 현대에 들어와서 가장 믿지 않는 분야가 바로 주술이다. 주술은 아프리카 부두교에나 남아 있는 하찮은 미신으로 전락하고 말았다. 그러나 고려시대까지만 하더라도 불교 사찰에는 주술만을 전문적으로 연마한 주금사呪噤師가 있었다고 기록에 나온다. 논리와 이성으로 해결이 안 되는 일은 그 시대마다 주금사를 동원하곤 하였다. 주술의 전통은 고대부터 신라로 이어져 현재까지 이어져 온다. 주술 전통의 유적지 가운데 하나가 바로 주사암이다. 더군다나 이 암자의 법당에는 아직도 정신세계의 신장이 머무르고 있으니, 효험이 마르지 않고 계속되고 있다. 정성을 기울이면 감응이 있기 마련이다. 신라시대라고 해봐야 대략 1,500년밖에 안 되었다. 수십만 년의 정신세계 역사에 비추어 보면 1,500년은 그리 오래된 시간도 아니다.

주사암에서 또 하나 볼 만한 공간은 마당바위이다. 법당 앞의 계단을 통해서 오른쪽으로 200m쯤 가니까 평평한 바위가 나타난다. 대략 해발 700m 높이에 있는 마당바위이다. 넓이는 100여 평(330㎡) 규모나 될까. 50~60명이 앉을 수 있는 공간이다.

해발이 높으니 주변 전망이 탁 트인다. 주사암에 도착한 시간이 오후 6시 무렵이었는데, 서쪽의 석양 빛이 마당바위에 비치니 앉아서 좌선을 하기에 좋은 타이밍이었다. 같이 간 일행 여러 명이 마당바위에 앉아 보니 올라오는 바위 기운이 보통 에너지가 아니다. 짱짱한 기운이 곧바로 머리 쪽으로 올라온다. 마당바위는 거의 50~70m 높이의 바위 절벽 위에 위치하고 있다. 삼면은 깎아지른 절벽이다. 마치 칼로 자른 듯 90도의 바위 절벽이다. 이런 마당바위에서는 바둑을 두거나 고스톱을 치더라도 에너지는 받게 되어 있다. 하루 1시간만 이런 바위 위에 앉아 있으면 컨디션이 최상일 것 같다. 아마도 신라의 화랑들이 마당바위에서 무예를 연마하거나, 수도를 하는 좌선 공간으로 활용되었을 것 같다.

오봉산은 신라 화랑들의 우정이 어려 있는 곳이기도 하다. 신라 효소왕 때 화랑 득오가 죽지랑과의 우정을 그리워하며 지은 〈모죽지랑가慕竹旨郎歌〉의 현장이기도 하다. 이 산에는 신라 화랑 때부터 부산성富山城이 있었다. 경주의 서쪽을 방어하는 군사 요충지였던 것이다. 경주의 동쪽을 방어해주는 산이 토함산이다. 동쪽에서는 왜구가 공격해왔다. 그래서 토함산에는 석굴암을 조성해서 왜구를 견제하고, 석굴암에서 멀리 바라다보이는 동해의 감포 앞바다에는 문무왕 수중릉이 있는 대왕암이 포진하고 있다. 서쪽은 백제로부터의 공격 루트이다. 이 백제 공격 루트를 방어해주는 산이 주사암이 있는 오봉산이고 부산성이었다. 그 유명한 여근곡女根谷도 바로 오봉산 자락에 있다. 멀리 도로에서 자동차로 가다가 여근곡을 바라보면 그 모습이 흡사 여근처럼 생겼다. 백제 군사들이 여근곡에 숨어 있다가 격퇴된 바 있다.

하늘의 신병을 불러들일 만한 터, 주사암은 신화와 주술, 화랑의 역사가 어우러진 영지임에 틀림없다. ⛰

난초가 깊은 산 속에 나서

알아주는 사람이 없다고 하여

향기롭지 않은 것이 아니다.

__ 공자

정신세계로
들어가는 입구,
절벽 위 암자

대성산 정취암

몇 년 전 경남 양산에 사는 어떤 석공이 산신상을 만들어서 정취암에 모시고 싶다고 연락을 해 왔어요. 이 석공이 꿈에 산신상을 만들어 달라는 계시를 받았다고 해요. 꿈에 본 모습 그대로 산신령 조각을 했대요. 그리고 1년 넘게 산신상을 모실 사찰을 찾아다녔다고 해요. 어떤 절이 자기가 꿈에 본 모습과 비슷한 곳인지를 찾기 위해서요. 결국 정취암에 와 보니 꿈에 본 사찰과 똑같았다고 해요. 호랑이 등에 올라타 있는 산신령이 파초선을 들고 있는 모습이죠. 3톤 무게의 산신상을 이 산꼭대기까지 운반하는데 엄청 고생했지요.

인생은 대몽大夢이라! 이 대몽에서 누가 먼저 깨어난단 말인가. 제갈공명도 유비에게 불려가기 전 융중隆中에 있을 때 '대몽수선각大夢誰先覺'이라는 화두를 품고 살았던 도사였다. 지나고 생각해 보니까 공명은 유비의 감언이설에 넘어가서 수행을 그만두고 닭벼슬 같은 벼슬자리가 대단한 것이라고 여긴 것 같다. 소꿉장난 같은 벼슬자리를 벼슬이라고 맡아서 결국 사람 죽이는 전쟁만 하다가 병들어 죽었다. 공명은 대몽에서 깨어나지 못했던 것이다. 《금강경》에서는 인생이 꿈과 같다는 사실을 다시 인수분해하였다. 몽환포영夢幻泡影이라는 4가지 상징으로 설명한 것이다. 인생이 꿈과 같고 환상과 같고 물거품과 같고 그림자와 같다. 인간은 평상시의 삶이 따지고 보면 대몽이지만 그 대몽 속에서 또 작은 꿈을 꾼다. 몽중몽夢中夢이다.

가끔 바람 쐬러 경북 경주에 간다. 이야기를 채취하는 채담가探談家의 입장에서 보면 경주는 특급호텔의 뷔페식당과 같다. 바닷가재부터 양갈비, 생선초밥, 각종 과일 등이 푸짐하게 쌓여 있다. 경주 곳곳에 뷔페처럼 이야깃거리가 널려 있다. 원효 대사와 요석 공주 사이에 태어난 설총의 고분도 있다. 설총은 왕도 아니고 삼국통일 장군도 아니었지만 묘가 남아 있다. 설총 묘 근처에 아는 분의 집이 있다. 이 집에서 하룻밤 자다가 꿈을 꾸었다. 꿈의 내용이 가관이다. 눈이 불그스름한 하얀색의 조그만 여우가 꿈에 나타났다. '백여우가 나타나다니, 이건 어떤 징조란 말인가?' 꿈보다 해몽이 어려운 법이다. 백여우 꿈을 꾸고 나서 이틀 있다가 경남 산청군 대성산에 있는 정취암淨趣庵에 가게 되었다. 높은 바위 절벽 위에 자리 잡은 암자다. 백척간두 위에 서 있는 수행처이자 소문난 기도터이기도 하다. 암자를 지키는 단하丹霞 수완修完 스님과 절의 내력에 대해서 이야기를 나누게 되었다.

"정취암에는 문가학(文可學, ?~1406년)이라는 도사 이야기가 전해져 옵니다. 문가학이 백여우에게 둔갑술을 배웠다는 이야기가 그것입니다."

백여우의 전설

이야기를 간추리면 이렇다. 인근에 살았던 문가학이 소싯적에 정취암에 와서 공부를 하다가 정월 초하룻날이 되니 절에 있던 승려들이 요물을 피해서 피난을 갔다. 문가학만 홀로 절에 남아 요물을 때려잡기로 했다. 밤이 되자 이쁜 여자가 나타나 함께 술을 마시게 되었다. 여자가 술에 취해서 쓰러지니 그 정체가 드러났다. 백여우였다. 문가학은 새끼줄로 술 취한 여우를 동여매었다. 술에서 깬 여우가 '나를 풀어주면 둔갑술을 알려주겠다'는 제안을 하였다. 문가학은 여우를 풀어주고 백여우로부터 '비술책秘術冊'을 받아 비술책에 쓰인 둔갑술을 배우게 되었다. 진도가 한참 나갔다. 둔갑술의 8장까지 배우고 마지막 9장을 남겨 두고 있는데, 문가학의 집에서 일하는 하인이 문가학을 데리러 왔다. "집에 큰일이 났습니다." 집에 큰일이 났다고 하니 잠시 둔갑술 공부를 중단하고 정취암을 내려가 속가 집으로 갈 수밖에 없었다. 집에 내려가서 보니 별일도 아니었다. 공부를 방해하는 마장魔障에 걸렸던 것이다. 산에서 공부를 하다 보면 꼭 중간이나 마지막 부분에서 속가의 집이나 속가의 어떤 인연으로 인해 공부를 중단하게 되는 일이 비일비재하다.

정취암에 다시 올라와서 보니 여우는 자취를 감추었다. 둔갑술 교과서인 '비술책'은 여우가 책바위에 숨겨 버렸고, 백여우는 지금의 산신각 아래쪽 동굴에 숨어 버렸다는 전설이 전해진다. 책바위는 산신각 올라가는 계단의 마지막 부분 왼쪽에 있는 바위다. 꼭 납작한 책이 겹쳐져 있는 것처럼 생겼다. 결국 문가학은 둔갑술을 완전히 마스터하지 못하고 세상에 나왔다. 그렇지만 신통력은 있었다. 특히 가뭄에 비를 내리게 하는 호풍환우의 주특기가 있었던 모양이다. 《조선왕조실록》에 보면 문가학이 비를 내리게 하는 신통력이 있었다는 내용이 나온다. 비를 내리게 해주었다는 보상으로 태종으로부터 쌀과 옷을 하사받았다는 기록도 있다. 그러다가 역모사건을 일으켜 사형을 당하게 된다. 일설에는 문가학이 역모 과정에서 둔갑술을 부렸지만 마지막 상투 부분이나 옷자락 끝부분이 변하지

정취암은 일찍부터 정취보살이 머무르는
도량으로 알려졌다. 관음보살과 함께
양대 보살 중 한 분이 정취보살이다.
우리나라에 관음도량은 많지만
정취도량은 정취암뿐이다.
의상 대사가 모신 보살이 바로
관음과 정취다. 의상 대사가 관음보살은
금강산 원통암에 모셨지만,
정취보살은 대성산 정취암에 모셨다.

정취암 산신 탱화. 조선 순조 33년(1833년) 제작. 현재 정취암에는 복제품이 걸려 있다

않고 그대로 남아 있어서 역모에 실패했다는 이야기도 전해진다. 둔갑술을 완전히 마스터하지 못한 결과였다. 문가학은 우리나라에 목화씨를 가져온 문익점의 동생 아들이라고 한다. 문익점의 조카였던 것이다. 문가학 역모사건 이후로 산청 지역의 문가학 집안이 상당히 곤욕을 치렀다.

자연 동굴은 최고의 수행터

수완 스님으로부터 여우 이야기를 듣고 여러 가지 생각을 하게 됐다. 정취암은 불교 이전부터 고대의 수행법이 전해져 오던 영지였을 것이라는 추측이다. 흰여우는 백호白狐이다. 흰호랑이인 백호白虎와 그 발음이 같다. 좌청룡 우백호라고 할 때 지금은 호랑이 호虎를 쓰지만 옛날에는 여우 호狐를 썼다. 백여우가 그만큼 영물이었다는 이야기다. 시대를 거쳐오면서 여우가 호랑이로 대체되었다는 말이다. 지금도 중국의 산둥 지역이나 랴오닝성, 지린성 쪽에서는 여우 신앙이 남아 있는 것으로 알고 있다. 흰여우가 그만큼 영험이 있다. 인도에서 불교가 들어오기 이전에 토착 수행법으로 백호수행법이 있었다. 여우굴 같은 입구

가 좁은 컴컴한 굴속에 들어가서 도를 닦는 방법이다. 불가에서는 이러한 재래의 토착 수행법을 야호선野狐禪이라고 하여 비판한다. 백장 선사가 야호선을 비판한 대목이 대표적이다. 깨달음의 궁극에 가지 못한 어설픈 수행법이라는 것이다.

정취암에 백여우 전설이 전해진다는 것은 이곳이 불교 이전부터 수행처로

널리 알려져 있었다는 증거가 아닌가 싶다. 정취암 주변이 전부 험한 바위 절벽으로 둘러싸여 있기 때문이다. 대략 30~60m 높이의 바위 절벽이다. 천인벽립千仞壁立의 기세다. 절벽 밑으로도 계속 바위 맥이 깔려 있고, 그 중간중간에 여러 군데의 작은 동굴이 있다. 도닦기에 좋은 동굴들이다. 불교식 수행방법으로 염불도 있고, 위빠사나 같은 관법도 있고, 들숨과 날숨의 숫자를 세는 수식관數息觀도 있고, 화두를 생각하는 화두선도 있다. 불교 이전의 고대 수행법의 핵심은 '어둠'에 있지 않았나 싶다. 인간은 어두운 데 있어야 잡념을 없앨 수 있다. 아무것도 보이지 않아야 자기 내면세계에 집중할 수 있다. 관건은 어두운 공간이다. 어두운 공간에 오래 있어야 4차원의 정신세계로 들어갈 수 있다. 밝은 데서는 온갖 정보가 들어온다. 도를 닦는 데는 일차적으로 외부 정보의 차단이 필요하다. 그러려면 자연 동굴만 한 장소가 없다.

2만~3만 년 전 원시인들이 그려 놓은 벽화로 유명한 알타미라 동굴, 라스코 동굴이 단순히 그림 그리러 들어간 동굴이 아니라 원시인들의 종교적 각성을 위한 수행처라고 생각한다. 알타미라 동굴을 가보지는 못했지만, 가본 사람들 말에 따르면 동굴의 구조가 매우 특이한 것으로 보인다. 동굴 입구에서 수평으로 들어가다 중간쯤에 이르러 절벽이 수직으로 50~60m쯤 뚝 떨어지는 지점이 있다고 한다. 어둠 속에서 50m 절벽을 따라 밑으로 내려가서 다시 수평으로 한참을 가면 동굴의 막다른 지점에 벽화가 그려져 있다. 이런 동굴들은 그야말로 암흑의 공간이다. 랜턴도 없던 시절에 어떻게 동굴 속 수십 미터 절벽 아래로 내려갈 생각을 했을까. 엄청난 공포 체험이다. 아마도 이런 암흑의 공간에서 인간은 죽음을 경험하고 거듭나게 된 것은 아니었을까 싶다. 한 번 죽은 다음에 거듭나야만 4차원의 세계에 진입한다. 즉 영발이 생기는 것이다. 그러한 임사 체험을 하는 공간으로 어두운 동굴이 필요하다. 이 어둠의 동굴 수행법을 총칭하여 '야호선'이라 하지 않았을까. 동북아시아 고대 샤머니즘 전통에 남아 있는 야호선 동굴의 특징은 입구가 좁다는 점이다. 겨우 여우가 들락거릴 정도로 입구가 좁아야만 암흑 수행의 효과가 좋다. 외부와 완전 격리된 느낌을 주기 때문이다.

철분은 정신의 단백질

정취암의 보이지 않는 특징은 이 암자가 기대고 있는 산 이름이 둔철산屯鐵山이라는 점이다. 철이 많은 산이라는 뜻이다. 고대 가야는 철기로 유명했다. 가야 지역에서 철이 많이 생산되었다. 그래서 가야 지역이었던 경남의 합천, 산청, 경북 청도 지역 일대에는 철을 캐고 철을 다루었던 지명들이 남아 있다. 야로冶爐라는 지명도 그런 예이다. '둔철屯鐵'이라는 지명도 철 냄새가 강하게 난다. 철이란 무엇인가? 전쟁무기 만드는 데에만 유용한 게 아니다. 도 닦는 데에도 아주 유용하다. 도 닦는 데 있어서는 철이 단백질에 해당한다. 철분이 많은 암반은 뇌를 혹사하는 정신노동자에게는 거의 링거 주사와 같다. 뇌세포에 고단백질을 공급한다. 지구의 가장 중심 부분에는 철이 있다고 한다. 바위 속에도 철분이 함유되어 있다. 지자기는 이 철을 타고 전해진다. 사람 피에도 철분이 있다. 암반에 있는 철을 타고 올라온 지자기가 사람 핏속에 있는 철분을 타고 머릿속으로 들어온다. 따라서 도를 닦으려면 반드시 암반이 필요하다. 세계 어느 나라를 가더라도 바위산에서 고승과 도사가 나온다. 유럽의 영험한 수도원과 성당, 교회는 거의 바위산에 있다. 도를 닦는다는 것은 강한 철분을 필요로 하는 셈이다. 철분이 다량 함유된 산청의 둔철산이야말로 도를 닦기에는 천혜의 산이다. 아마도 가야시대부터 이 사실을 알고 있었던 것 같다. 둔철산의 동쪽 봉우리를 따라 대성산大聖山이라고 부른다. 큰 성인이 나온다는 뜻 아닌가. 크게 보면 둔철산이지만 둔철산의 한쪽 부분인 대성산 쪽이 다른 쪽에 비해서 바위 암반이 더 많이 노출되어 있다.

꿈속의 계시로 조성된 3톤 산신상

대성산이 갖는 이러한 영험함을 불교적으로 표현하면 정취正趣보살이다. 정취암은 일찍부터 정취보살이 머무르는 도량으로 알려졌다. 관음보살과 함께 양대 보살 중 한 분이 정취보살이다. 우리나라에 관음도량은 많지만 정취도량은 정취암뿐이다. 의상(義相, 625~702년) 대사가 모신 보살이 바로 관음과 정취다. 의상 대사가 관음보살은 금강산 원통암에 모셨지만, 정취보살은 대성산 정취암에 모셨다. 그만큼 정취암이 비중 있는 수행처였다.

고려 공민왕 때는 개경 왕실에 모셔져 있던 정취보살상이 이곳 정취사로 옮겨졌다. 왕실의 보물 보살상이 정취사로 옮겨졌다는 것은 여러 가지로 시사하는 바가 크다. 정치적인 상황도 있었을 것이고, 정취암이 지닌 영험함도 작용했을 것이다. 현재 법당에 모셔진 정취보살상은 1714년에 다시 조성된 보살상이다. 정취암은 과거에 지금보다 큰 절이었다. 대성산의 바위 절벽 줄기를 따라서 이곳저곳에 많은 암자와 수행처가 산재해 있었다. 100여 칸의 규모였다고 기록에 남아 있다. 큰 건물은 들어설 수 없었지만 작은 수행처들은 수십 군데가 있었다고 보아야 한다. 1832년의 화재로 암자들이 거의 소실되고 현재의 절벽 정상 부위에만 복원 불사가 이루어졌다. 이 정도 규모로 불사가 이루어진 공덕은 현재 주지인 수완 스님의 원력이다. 1995년부터 20년 동안 온갖 고생을 하면서 불사를 하였다. 1990년대 초반만 하더라도 정취암은 함석지붕에 다 쓰러져가는 조그만 암자였다. 여기에다 새로 도로를 내고 법당 앞의 너덜겅을 흙으로 메워 터를 넓히고 전각을 지었다. 수완 스님은 이 불사 공덕으로 다음 생에는 고승대덕으로 환생할 것이라고 믿는다.

"탱화가 아니라 석상으로 된 산신상이 모셔져 있는 경우는 매우 드문데, 여기 산신각에는 돌로 만든 산신상이 조성되어 있네요?"라고 수완 스님에게 물었다.

"그게 참 신기해요. 몇 년 전에 경남 양산에 사는 어떤 석공이 산신상을 만들어서 정취암에 모시고 싶다고 연락을 해 왔어요. 이 석공이 꿈에 산신상을 만들어 달라는 계시를 받았다고 해요. 꿈에 본 모습 그대로 자기가 산신령 조각을 했대요. 그리고 1년 넘게 산신상을 모실 사찰을 샅샅이 찾아다녔다고 해요. 어떤 절이 꿈에 본 모습과 비슷한 곳인지를 찾기 위해서요. 결국 정취암에 와서 꿈에 본 풍경을 찾았어요. 호랑이 등에 올라타 있는 산신령이 손에는 파초선을 들고 있는 모습이죠. 무게가 3톤이나 나가요. 어마어마한 무게의 산신상을 산꼭대기까지 운반하는데 엄청 고생했지만, 무사히 산신각에 모셔 놓게 되었어요."

정취암에서 가장 기가 센 곳에 산신각이 있다. 산신각 안에 들어가면 벽에 산신 탱화가 없다. 벽에는 유리창이 설치되어 있고, 그 유리창 너머로 돌로 만든 산신상이 보이는 구조다. 그리고 돌로 된 산신상 뒤에는 정취암에 전래되어 오던 산신 탱화가 배경으로 있다. 그런데 복제품 산신도가 특이하다. 복장과 얼굴 모습이 단군과 비슷하다. 특히 양쪽 어깨에 견장처럼 놓여 있는 나뭇잎이 그렇다. 머리 꼭대기에는 작은 상투처럼 머리를 묶고 비녀를 꽂았다. 여타의 산신 할아버지와는 포스가 다르다. 매우 고풍스러운 느낌이 드는 산신도이다. 이 복제품 산신도를 보는 순간 우리나라 산신의 원형을 계승하고 있는 산신도라는 직감이 들었다. 단군이 죽어서 산신이 되었다고 전해진다. '단군'이 세월이 흐르면서 '당골'로 변하였다. 단군이 무속신앙의 산신으로 변한 것이다. 그래서 흰 수염을 기른 할아버지 모습으로 산신도에 그려진다. 그러나 정취암 산신도는 단순한 할아버지가 아니라 원래의 단군신앙 분위기를 그대로 간직한 그림이다. 단군 할아버지 본래의 모습을 짐작하게 해주는 그림이다.

지리산 일대에는 단군과 고대 한민족 신앙의 원형 흔적이 많이 남아 있다. 산청군 정취암도 크게 보면 이 신앙권에 포함된다. 단군의 원형을 간직한 산신도가 남아 있다는 것은 암시하는 바가 크다. 단군, 정취보살, 여우 숭배가 모두 보존되어 있는 매우 뿌리 깊은 영지임에 틀림없다. ▲

갈 때는 쉼을 잊고 쉴 때는 가기를 잊어

솔 그늘 밑에 말 멈추고 물소리를 듣네

뒤따르던 몇 사람이 나를 앞질러 가지만

각자 나름 갈 길 가니 다투어 무엇하리.

___ 송익필, 〈산행山行〉

도사들의
영발 충전소

계룡산 등운암

등운암은 계룡산에서 제일 높은 지점에 있는 암자이다. 계룡산은 동쪽에 동학사, 서쪽에 갑사, 남쪽에 신원사가 있다. 북쪽은 절이 없는 대신 도가 수련자들이 주로 머물렀다. 소설《단丹》의 주인공인 우학도인 봉우鳳宇 권태훈權泰勳 옹이 있던 곳이 북쪽인 상신리 쪽이었다. 계룡산은 남쪽으로 바위 맥이 흘러왔고, 그 바위 맥의 정상에 연천봉이 있다. 이름도 범상치 않다. 하늘과 맞닿아 있다는 뜻이다. 이 연천봉 바로 밑에 등운암이 자리 잡았다. 등운암이 영험한 이유는 암자 밑바닥과 주변 봉우리가 온통 바위로 되어있고, 앞산의 여러 봉우리들이 등운암을 둥그렇게 둘러싸고 있다는 점이다.

신기神氣! 이것이 문제로다. 21세기는 '네오샤머니즘Neo Shamanism'의 세상이다. 자연에서 삶의 지혜와 영감을 구하는 것이 네오샤머니즘이다. 신기가 있어야 성공한다. 그동안 내가 만나본 여러 분야의 장문인급들은 거의 대부분 신기가 있는 사람들이다. 살다 보면 이거냐, 저거냐 하는 갈림길에서 헤맬 때가 많다. 이때 신기가 있는 이들은 정확한 판단을 내린다. 온건하게 표현하면 직감이 발달한 사람들이다. 특히 기업을 대표하는 CEO들에게 신기가 요구된다. 거래하러 온 상대를 어느 정도 믿어야 할 것인가, 이거 혹시 '사詐'자 아닌가, 이 사람이 과연 비전이 있는 사람인가를 판단해야 하는데, 이 판단이 스펙만 가지고 내릴 수 있는 영역이 아니다. 신기 여부에서 한 걸음 더 나아가 CEO들은 아예 접신接神이 되어야 한다. 어떤 신? 돈의 신과 접신이 되어야 사업을 헤쳐나갈 수 있다. 자나 깨나 꿈에서도 돈 벌 연구를 해야 하고, 24시간 사업을 생각하는 사람이 기업의 오너들이다. 이 정도 되면 돈의 신과 접신된 상태라고 보아도 크게 무리는 아닐 듯싶다. 자본주의는 그 '주의主義' 자체가 돈의 신과 접신되기를 강력하게 몰아붙이고 있다. 그렇다면 접신을

계룡산 갑사 철당간

어떻게 할 것인가? 계룡산의 등운암騰雲庵은 강력한 지기地氣가 뻗치는 곳으로 정평이 난 장소이다. 전국에서 기가 떨어진 샤먼saman들이 기를 보충하러 오는 곳이기도 하다. 배터리가 방전된 도사들도 이곳에 오면 충전이 되고, 불교의 여러 고승 대덕들도 이곳에서 좋은 기운을 받아 깨달음과 가피를 받은 곳이기도 하다.

물을 뱀이 먹으면 독이 되고, 젖소가 먹으면 우유가 된다는 말도 있지 않은가. 천지자연의 기운을 누가 받아 쓰느냐가 문제이다. 쓰는 사람의 그릇과 기질, 목적에 따라 각기 달리 발현된다. 간장 종지가 받아 쓰면 간장 종지가 되고, 드럼통이 받아 쓰면 드럼통이 된다. 등운암은 조계종의 암자이지만, 불교가 이 땅에 들어오기 이전부터 영험한 기도터로 소문이 나 있었던 장소로 추측된다. 한반도의 수만 년 역사에서 놓고 보면 불교도 또한 굴러온 돌이다. 불교 이전부터 이 땅의 민초들이 기도를 하고, 접신을 하던 장소였던 것이다. 그 영험한 장소에 불교가 들어와서 절과 암자를 만들었다. 전 세계적으로 보아도 영험한 장소는 정해져 있기 마련이다. 단지 그 자리에 들어온 종교에 따라 간판만 바꿔 다는 셈이다. 요즘도 보면 절이나 암자가 폐사된 곳에 기독교 기도원이나 수도원이 들어서는 경우가 있지 않은가. 샤머니즘도 그렇지만 모든 종교는 영발이 생명이다. 영발 없는 종교는 앙금 없는 찐빵이다. 우리는 그동안 영발을 무당의 전유물로 폄하하고 천대했지만, 사실 따지고 보면 영발처럼 귀중한 것은 없다. 왜냐하면 영발 앞에 가방끈은 무력하기 때문이다. 제아무리 가방끈 길다고 뽐내 봐야 제대로 된 영발을 만나면 바로 꼬리 내리는 게 현명하다.

계룡산 최고의 봉우리

등운암은 해발 720m쯤에 자리 잡고 있다. 계룡산에서 제일 높은 지점에 있는 암자이다.

계룡산 남쪽에 있는 신원사新元寺에서 2시간 정도 산길을 올라가면 당도한다. 올라가는 길도 약간은 가파르다. 계룡산은 동쪽에 동학사東鶴寺, 서쪽에 갑사甲寺, 남쪽에 신원사가 있다. 북쪽은 절이 없고 도가의 수련자들이 주로 머물렀다. 소설《단丹》의 주인공인 우학도인 봉우鳳宇 권태훈(權泰勳, 1900~1994년) 옹이 있던 곳이 북쪽인 상신리 쪽이었다. 계룡산은 남쪽으로 바위 맥이 흘러왔고, 그 바위 맥의 정상에 연천봉(連天峰, 738m)이 있다. 이름도 범상치 않다. 하늘과 맞닿아 있다는 뜻이다. 이 연천봉 바로 밑에 등운암이 자리 잡았다. 등운암이 영험한 이유는 우선 암자의 밑바닥과 주변의 봉우리가 온통 바위로 되어 있고, 앞산의 여러 봉우리들이 등운암을 둥그렇게 둘러싸고 있다는 점이다. 어떤 터가 영험하려면 주변 봉우리들이 둘러싸줘야 한다. 사람도 자기 혼자만 잘났다고 하면 누가 알아주지 않는다. 주변에서 칭찬하고 인정해야 한다. 주변 봉우리들의 도움을 받을 수 있는 위치에 암자가 자리 잡고 있어야 기운을 모을 수 있다. 등운암이 이런 자리이다.

등운암을 둘러싸고 있는 앞산의 봉우리들을 보자. 정면의 약간 오른쪽에 보이는 봉우리가 천황봉(845m)이다. 계룡산 최고봉이다. 과거에는 상제봉上帝峰이라고도 불렀다고 한다. 지금은 천황봉 꼭대기에 레이더 시설이 설치되어 있어서 김이 좀 샜다는 느낌이 든다. 성스러운 봉우리 꼭대기에서 사람들이 밥 먹고 똥 싸고 생활하는 주거시설이 설치되어 있으니 신성모독에 해당한다. 그 천황봉 오른쪽에 머리봉이 있다. 연산 쪽에서 보면 사람 머리같이 보인다고 해서 머리봉이다. 그리고 머리봉에서 오른쪽으로 쭉 내려가는 산맥 줄기에 국사봉이 있다. 국사봉도 한가락 하는 봉우리이다. 국사(國師, 한 나라의 스승)가 되고 싶은 야심이 있었던 사람들은 이 국사봉 언저리에서 많이 놀았다. 국사봉은 후천개벽이 온다는 예언을 주역의 이치로 설명했던 '정역파'가 숭배했던 봉우리이다. 강증산도 그렇고, 일본 열도가 가라앉는다고 예언했던 탄허 스님도 직간접적으로는 국사봉의 정역파와 연결되어 있다고 보는 것이 나의 관점이다.

애리조나 세도나보다 더 기운 센 곳

다시 천황봉을 보자. 천황봉 왼쪽으로 약간 평평한 바위봉우리가 쌀개봉이다. 천황봉에 레이더 시설이 들어선 뒤로는 오히려 쌀개봉이 더 기운이 강하게 뻗치고 있다는 게 현지 체험자들의 의견이다. 쌀개봉 왼쪽으로 관음봉이 있고, 관음봉 왼쪽으로 뾰족한 삼각형의 문필봉이 포진하고 있다. 그러니까 등운암에서 보면 왼쪽의 문필봉부터 시작해서 관음봉, 쌀개봉, 천황봉, 머리봉이 둘러싸고 있다. 둘러싸고 있다는 것은 마치 볼록렌즈처럼 등운암을 향해서 에너지를 반사해주고 있다는 의미이다.

그렇다고 등운암이 자리 잡은 바닥의 에너지가 약한 것은 아니다. 해발 720m의 암산이다. 계룡산을 자세히 보면 산 전체가 통바위로 되어 있다. 조각조각 되어 있지 않고 전체가 하나의 통으로 형성된 바위산이 계룡산이다. 통바위 산일수록 기운이 강하다. 계룡산이 1,000m가 안 되지만 그 내용물은 통바위 산이라는 점에서 성산聖山인 것이다. 명상가이자 계룡산을 좋아하는 한바다(61세) 선생도 언젠가 필자에게 한 말이 있다.

"미국에 기운이 강하다고 하는 애리조나주 세도나Sedona도 있지만, 사실은 계룡산이 세도나보다 더 기운이 강하고 좋습니다. 단지 산의 주변에 식당과 여관 등 잡다한 시설물들이 들어서 있어서 대단하게 안 보이는 것이죠."

미국이 땅은 넓지만 그 밀도와 에너지에서 보면 한국의 땅이 결코 밀리지 않는다는 말이다. 영발로 치면 한국의 산들이 세계적인 수준이다.

등운암은 암자 바로 머리 위에 연천봉의 정상이 있다. 암자 뒤로 5분만 올라가면 연천봉 정상의 바위가 나온다. 바로 이 연천봉 정상의 암반이 영발의 산실이다. 수많은 무당과 조선시대의《정감록》을 신봉했던 도사들이 연천봉을 사랑했다. 펄펄 끓는 압력밥솥이라고 할까. 실제 연천봉 정상 암반에 있으면 기운이 강하게 들어온다. 발끝에서부터 척추뼈를 타고 뒷덜미를 거쳐 머리를 돌아 코까지 내려오는 에너지를 느낀다. 휴대폰 배터리가 방전되면 충전기를 콘센트에 꽂아 놓아야 한다. 연천봉 암반은 그 콘센트이다. 음력 보름날 전후에는 전국에서 모인 수많은 무속인들이 연천봉 암반의 여기저기에 자리를 깔고 앉아 있거나 기도를 드린다. 1m 차이로 자기에게 기운이 들어오나 안 들어오나를 확인할 수 있다. 그래서 좋은 자리를 차지하려고 경쟁도 벌어진다. 21세기인 지금도 등운암과 연천봉이 이렇듯 건재한데, 조선시대나 고려시대는 어떠했겠는가. 그때는 교통이 불편해서 일반 사람들은 접근할 수 없었고, 머리 깎은 스님들이나 전문 도사들만 이곳에서 기운을 공급받았을 확률이 높다.

'方百馬角 口或禾生' 암각의 비밀

연천봉이 반체제 도사들에게 얼마나 중요한 포인트였는지를 짐작하게 하는 암각 글자도 세로로 새겨져 있다. 바로 '方百馬角 口或禾生', 방백마각 구혹화생이라는 유명한 각자이다. 도사들이 풍수도참을 이용하여 조선조가 망한다는 자신들의 견해를 새겨 놓은 것이다. 나는 1980년대 대학 다닐 때부터 이 암각 글자를 너무나 신기하게 생각했다. 어떻게 이런 글자를 산 정상 바위 위에 새겨 놓았단 말인가! 방백方百은 400년으로 해석한다. 마각馬角은 보통 82년으로 해석한다. 그러나 필자가 보기에는 72년이 맞는 것 같다. 십이지에서 말은 일곱 번째에 해당하기 때문이다. 구혹口或은 압축하면 국國이다. 화생禾生은 압축하면 이移 자로 통한다. 조선왕조는 창업한 지 472년이 되면 나라를 옮기게 된다. 즉 조선은 생긴 지 472년 만에 망한다는 의미이다. 조선왕조의 개국이 1392년이니까 472년을 더하면 1864년이 된다. 조선이 1910년에 망했다고 보면 몇십 년 오차가 난다. 참고로 불평등 조약인 강화도조약이 1876년에 체결되었다. 강화도조약부터 조선조가 거의 거덜 나기 시작했다고 보면, 얼추 '방백마각 구혹화생'이 들어맞는 거 아닌가 싶다.

연천봉 정상. 바위에 한자로 '방백마각 구혹화생'이 새겨져 있다. 멀리 안테나가 세워진 천왕봉이 보인다.

계룡산 중악단 산신각

이 풍수도참에서 주목되는 부분은 왜 이런 망조 예언을 연천봉 바위에다가 새겨 놓았는가다. 얼마나 자기 확신이 강했으면 472년이라고 바위에 새겼을까. 그리고 전국 어디에도 조선왕조가 망한다는 예언이 새겨진 바위는 없다. 오로지 계룡산이고 연천봉이다. 그것도 가장 강한 영발이 피어오르는 지점에다가 말이다.

계룡산 연천봉에 '방백마각'을 새겨 놓았던 인물들은 조선이 망하기를 바랐던 세력들이다. 아마도 반체제의 비밀결사 승려조직이었던 당취들이 아니었을까. 방백마각을 새겨 놓고 조선왕조가 빨리 끝나고 새로운 왕조가 들어서기를 기원하던 장소가 연천봉이었다는 의미로도 해석된다. 새로운 왕조는 바로 정씨鄭氏 왕조였다. 정도령이 출세하기를 기원했던 것이다. 그 정도령이 세상에 나타난다는 풍수도참서이자 예언서는 《정감록》이다. 조선조의 안방마님들이 가장 애독했던 베스트셀러는 《토정비결》이었고, 사랑방의 남자들이 좋아했던 애독서는 《정감록》이었다. 《정감록》의 핵심은 정도령이었는데 계룡산 연천봉과 등운암은 정도령 신앙의 중심지였을 가능성이 높다. 방백마각이 그 증거이다. 또한 신기를 받을 수 있는 콘센트의 기능을 지닌 영지였기 때문에 풍수도참이 강력한 힘을 받을 수 있는 장소였다. 조선 말기 왕실에서는 계룡산을 특별 감시했다. 민비는 등운암을 '압정사壓鄭寺'라는 이름으로 바꾸게 하였다. '정씨를 압박하고 누르는 절'이라는 뜻이다. 민비는 당대의 조선 말기에 등운암은 압정사로 불렸다. 그만큼 조선 왕실에서는 계룡산을 경계했고, 등운암을 위험한 장소로 인식했다. 조선조를 뒤집고 정도령이 출현할 가능성이 가장 높은 지역이 바로 계룡산 등운암이라고 여겼다는 증거이다. 오죽하면 압정사로 암자 이름을 바꾸기까지 했겠는가! 영발이 있고, 신기가 강하게 올라오는 영지靈地는 결국 정치적인 차원의 문제로까지 옮겨갔다. '신기에서 정치까지'이다.

얼마 전 또 가보았더니 연천봉 정상에 등산객을 위하여 난데없이 합성목재로 만든 데크를 바위 위에 깔아 놓았다. 쇠파이프 난간까지 정상 바위에 박아 버렸다. 수천 년 한

민족의 정신적 성지를 쇠파이프를 박아 훼손해 버린 것이다. 일제강점기 때 일본 사람들이 한반도 혈맥을 끊는다고 쇠말뚝을 박았다고 우리가 욕하지만, 연천봉 정상에 박은 쇠파이프는 그때 박은 쇠말뚝보다도 훨씬 강력하다. 제발 이 쇠말뚝과 데크를 철거해주면 좋겠다.

국사봉과 남극노인성에 대한 기도 풍습

계룡산은 머리봉 – 천황봉 – 쌀개봉 – 관음봉 – 문필봉 – 연천봉으로 이어지는데 거의 높이가 비슷해 '일자형一字形'을 이룬다. 계룡산 국사봉國師峰은 고려시대와 조선시대 도사들이 천문을 관측하던, 좁혀서 말한다면 계룡산파의 천문관측 장소였다. 이 전통은 현대까지도 이어져 한국전쟁이 끝나고 1950년대 중반에 충남대학교 총장도 지내고 정역을 전수받은 이정호 선생이 이곳에 제자 10여 명을 모아 놓고 가르쳤다. 국사봉 밑의 향적산방香積山房이 바로 그곳이다. 천문을 관측하려면 밤에 잠이 없어야 하고, 시력이 좋아야 하고, 추위도 잘 견디는 건강한 체질이 요구된다.

별이 인간의 운명을 관장한다는 믿음은 동서양을 막론하고 고대부터 있었다. 천문天文의 사상적 배경은 하늘의 별에서 인간사를 좌우하는 메시지가 내려온다는 믿음이었다. 하늘의 문학, 하늘의 메시지, 하늘의 문자가 바로 천문이다. 현대 천문학은 몇 광년 떨어져 있고, 그 별에 어떤 가스와 암석이 있는지, 또는 물이 있어서 생명체가 존재하는지 등이 관심사다. 내 운명과 관계가 있는지는 관심사항이 아니다. 그러나 고대 천문학은 내 운명과 별이 관계가 있다고 보는 관점이기 때문에 별에 대한 관심이 훨씬 더 깊었다고 봐야 한다. 고려 때 강감찬 장군 탄생설화도 별과 관계된다. 탄생지에 하늘의 별, 그러니까 문곡성文曲星이 떨어졌다는 전설이 전해진다. 하늘의 별이 떨어졌다고 해서 붙은 이름이 지

〈남극성도〉, 단원 김홍도, 국립중앙박물관

금의 서울 관악구에 있는 낙성대落星垈다. 옛날 사람들은 사람이 태어날 때 하늘의 별자리 기운을 받아서 태어난다고 믿었다. 특히 비상한 인물들은 그 사람의 운명을 관장하는 별인 본명성本命星이 있다고 여겼다.

우리말 가운데 '직성이 풀린다'는 말이 있는데, 여기서 직성直星이란 그 사람의 운명을 주관하는 별이 숙직宿直에서 풀린다는 의미라고 해석된다. 밤에 사무실을 지키는 것이 숙직이다. 숙직에서 풀려야 자유롭다. 따라서 직성이 풀린다는 것은 자기 운명의 주관별이 숙직에서 풀리니까 이제 '자유롭다' '시원하다'의 뜻이 담겨 있는 것이다.

우리나라에서 전통적으로 관심이 많았던 별(별자리)은 북두칠성·삼태성·남극노인성이다. 이중에서 남극노인성南極老人星은 장수를 상징하는 별이다. 단원 김홍도의 신선들이 나오는 그림을 보면 머리 꼭대기가 위로 솟은 노인이 보인다. 남극노인성을 의인화시켜 그린 그림이다. 장수를 상징한다. 일생에 이 노인성을 3번만 보면 100세까지 장수한다는 민간신앙도 있을 정도였다. 그만큼 인기 있던 별이다.

문제는 평소에 이 별을 보기가 쉽지 않다는 점이다. 남쪽에서 뜨는 별이기 때문에 한반도의 남단에서나 관측이 가능하다. 지리산의 법계사法界寺, 경남 남해 보리암의 간성각看星閣이나 돼야 볼 수 있다. 한반도의 중부지역에서는 볼 수 없는 별이다.

볼 수 있는 시점도 정해져 있다. 아무 때나 볼 수 있는 게 아니고 1년 중에서 동지 무렵에나 겨우 남쪽 수평선 근처에서 잠깐 볼 수 있다. 지리산 법계사도 해발 1,500m 지점에 가깝다. 도로가 없던 조선시대에 지리산에 가는 것도 힘들었는데, 법계사까지 가는 것은 일반 사람은 할 수 없는 일이었다. 남해 보리암도 그렇다. 그래서 민간에서 노인성을 보려면 계를 만들어야 했다. 여행이 어렵던 시절에는 평소 돈을 모아 놔야 10년에 한 번이나 노인성을 보러 갈 수 있었던 것이다. 노인성을 보기에 가장 좋은 장소는 제주 서귀포였다. 조선시대 제주목사로 발령받으면 버킷리스트 중의 하나가 노인성을 본다는 기대감이었다. 전국을 유람했던 토정 이지함도 노인성을 보기 위해 제주를 3번이나 방문했다는 기록이 있다. 남쪽이라 훨씬 보기가 쉬웠다.

서귀포 쪽에 있는 산방산(山房山, 395m)에 가니까 노인성 보기에 가장 좋은 포인트라는 직감이 들었다. 산방산은 보는 각도에 따라서 모자나 투구 모양으로 생겼다. 온통 바위산이라 기운도 강하게 풍긴다. 산방산의 남쪽 자락에서 남쪽 바다를 바라다보면 노인성을 쉽게 볼 수 있었던 것 같다. 12월 동지 전후로 두 달은 노인성이 수평선 근처에서 뜨고 지는 모습을 볼 수 있었다. 더군다나 산방산은 기도발이 받는 바위 봉우리 산이니까 여기서 남극노인성을 바라보며 '영발靈發'을 개발시키기에 천혜의 조건인 셈이다. 산방산 올라가는 초입에는 보문사라는 절이 있는데, 이 절의 오른쪽 마당에는 돌로 만든 남극노인성 모습이 조성돼 있다. 대머리 형상의 머리통이 위로 길쭉하게 솟아 있는 노인의 모습이다. 고려시대부터 이어져 내려왔던 노인성 신앙의 핵심 지점이 바로 산방산 자락의 이 근방이 아닌가 싶다. ⛰

어지러운 돌 사이엔 소리가 높고
깊숙한 솔숲 속으론 빛이 맑아라.
＿ 왕유

종교인에게 영발을,
기업인에게 아이디어를 주는
쌍둥이 산

장락산 통일교 본부와 보리산 오하산방

장락산과 보리산의 해발 높이가 똑같이 627m이다. 10m 오차도 나지 않는 완벽한 쌍둥이 산이다. 더 재미있는 부분은 장락산이 바위가 돌출된 골산骨山이라면 보리산은 흙으로 뒤덮인 육산肉山이라는 점이다. 골산이 영기와 기도발이라면 육산은 돈과 먹을 것을 상징한다. 골산이 종교인에게 맞다면, 육산은 사업가에게 맞는다. 풍수학에서는 이 2개의 봉우리를 태을太乙과 천을天乙 봉으로 해석한다. 아주 상서롭다는 뜻이다.

아무리 맛있는 음식도 계속해서 열 끼 정도 먹다 보면 질리게 되어 있다. 글쓰는 대상도 마찬가지다. 때로는 메뉴를 바꾸어야 한다. 불교 사찰만 계속해서 쓰니까 약간 물리는 느낌이 왔다. 한국의 영지는 불교가 독점하고 있단 말인가? 사찰 말고 다른 데는 영지가 없는가? 어찌 없겠는가. 이런 문제의식을 가지고 찾아본 산이 경기도 가평군 설악면과 강원도 홍천군 경계에 걸쳐 있는 장락산과 보리산이다.

먼저 장락산을 보자. 우선 한자 지명을 '長樂山'으로 그동안 알고 있었다. 그런데 장락산 북쪽 자락에다가 '살롱인문'을 짓고 여기서 고전 연구와 풍류도를 즐기고 있는 박재희(57세) 선생의 설명에 의하면 '張洛山'이라고 한다. 한문 고전에 조예가 깊은 박 선생의 설명대로 '張洛山'이 맞는다면, 이 지명은 얘기 할 건더기가 많아진다. '洛'은 후천세계를 뜻하기 때문이다. 동양사상에서 하도河圖는 선천세계를 뜻하고 낙서洛書는 후천세계를 뜻한다. 10만 년의 시간을 한 주기로 본다면 전반부 5만 년이 선천이고 후반부 5만 년이 후천에 해당한다. 따라서 '張洛'이라는 지명은 후천세계 5만 년의 대운을 펼쳐 보여주는 산이라는 뜻이 된다. 산의 높이는 627m. 그렇게 높은 산은 아니다.

그런데 이 산이 주목을 받는 이유는 통일교 고故 문선명 총재가 아주 좋아했다는 점 때문이다. 통일교의 세계본부에 해당하는 천정궁(天正宮, 박물관)을 바로 이 장락산 자락에 지어 놓았다. 건물의 크기나 대리석 규모가 압도적이다. 미국의 백악관과 국회의사당을 합쳐 놓은 듯한 스케일의 석조건물이다. 대리석 기둥 하나의 크기가 어른이 두 팔로 껴안을 수 없을 정도로 크다. 근래에 지은 석조건물로는 세계적인 규모인 것 같다.

장락산 자락의 통일교 천정궁

장락산의 장점은 바위가 많이 돌출되어 있다는 점이고, 또 하나는 청평호수가 산에서 내려다보인다는 점이다. 바위산은 영기의 원천이다. 동서고금을 막론하고 종교적 성지는 바위산에 자리 잡고 있다. 기도발은 바위에서 뿜어져 나오는 것이다. 바위는 화기火氣이자 살기殺氣이기도 하다. 살기를 기도로 녹여서 법제法製를 시키면 신의 은총으로 변한다. 법제를 시키지 못하는 보통 사람이 바위산에 살면 살기로 작용함은 물론이다. 살기는 곧 화기이기도 한데, 청평호수의 수기가 이 화기를 감싸면서 균형을 잡아준다. 불대포만 있으면 사람이 조열燥熱해진다. 물대포가 있어야 느긋하고 여유가 생기는 법이다.

2009년 문선명 총재가 90세로 생존해 있을 때 필자는 천정궁을 방문한 적이 있다. 문 총재가 한번 보자고 해서 간 것이다. 문 총재는 만나자고 면회를 신청한다고 만날 수 있는 인물이 아니었다. 총재 쪽에서 만나자고 해야 만날 수 있었다. 나는 통일교 신도도 아니고 인터뷰어의 입장이기도 하였다. 정신계의 고단자를 만날 때는 만나자마자 바로 본론으로 들어가는 것이 정석이다. 자질구레한 인사는 생략이다.

"선생님, 천정궁을 짓는다고 이 산의 암반 터를 너무 깎아서 산신령의 보복이 있는 것 아닙니까?"

"그래서 내가 상주常住하고 있어야 해. 3년 정도는 내가 상주해야 터를 누르지."

"그래도 보복이 있을 것 같은데요?"

"내가 여기 와서 첫날 보니까 비몽사몽간에 검은 먹구름이 몰려오더구만. 꿈보다 해몽이 어려운 것이오."

그동안 나는 많은 불교 사찰이나 도교의 도관을 답사하면서 건물을 지을 때 바위 맥을 끊거나 깎아서 지으면 그후 이상하게도 이런저런 사건·사고가 발생하는 사례를 많이 목격했다. 나는 그것을 지령地靈의 보복이라고 생각하였다. 말하자면 산신령의 보복이다. 터를 훼손해서 건물을 짓고 나면 공사의 책임자나 주체가 되는 사람이 교통사고로 죽거나 중병이 들거나, 아니면 무슨 소송 사건으로 감옥에 가는 경우를 여러 번 보았다.

장락산 통일교 세계본부

보리산 오하산방

터를 깎았더라도 도력이 높은 방장이나 조실스님은 타격을 피해갈 수 있다고 해도, 그 밑에 있는 주지나 기획실장에 해당하는 급의 인물은 해를 입을 가능성이 높다. 이건 이론이 아니다. 실전에서 겪어 보아야 지령의 보복을 무섭게 생각한다. 터널을 뚫거나 도로를 낸다고 바위 맥을 폭약으로 폭파시키거나 훼손한 사람들은 뒤끝이 좋지 않다. 지나고 보니 서울의 남산터널을 뚫은 건설회사들도 거의 다 망했다는 사실이 이를 증명한다. 석산石山을 개발하는 업자들도 관찰해 보니까 대부분 끝이 좋지 않았다. 중국의 만리장성을 축조하는 책임을 맡았던 장군이 공사 끝나고 나서 억울하게 어떤 모함을 받아 사형을 당하게 되었다. 사형장에서 장군은 "나는 아무 잘못이 없다. 단 장성을 쌓으면서 산천의 지맥을 끊은 죄는 있다. 그 죄로 내가 이렇게 억울하게 형장의 이슬로 사라지는 것 같다"라는 소회를 남긴 바 있다.

"조 선생, 꿈보다 해몽이 어려운 것이야!"

이런 데이터를 가지고 있었으니 문 총재를 만났을 때 곧바로 '산신령의 보복'을 꺼낸 것이다. 어떻게 보면 90세 되는 종교단체의 수장이자 지도자에게 이런 질문을 한다는 것 자체가 결례일 수도 있다. 결례를 무릅쓰고라도 물어보아야 하는 것이 인터뷰어의 숙명이다. 터부(금기)의 1mm 밑에까지 바짝 접근해야만 이야기가 나오고 콘텐츠가 형성된다. 하여간 그 검은 먹구름이 몰려오는 비몽사몽 이후로 몇 달 있다 문 총재가 타고 있던 헬기가 장락산 상공에서 떨어지는 사고가 발생하였다. 보통 헬기 사고가 나면 공중에서 수직으로 떨어지기 때문에 90%가 사망하고 만다. 그러나 문 총재는 헬기가 고목나무 위로 떨어져서 별로 다치지도 않았다. 헬기에 동승했던 다른 사람들도 큰 피해가 없었다. 보통 사람 같으면 이 사고에서 죽었어야 맞는다. 그러나 문 총재는 죽지 않았다. 검은 먹구름은 바로 이 헬기 사고를 의미하는 것이었지만, 먹구름 꿈을 접했을 당시에는 어떤 사고인 줄 몰랐을 것이다. 단지 흉몽이라는 사실만 알았을 뿐이다. 그래서 문 총재가 필자에게 했던 말이 지금도 생생하다. "조 선생, 꿈보다 해몽이 어려운 것이야!"

고대 그리스의 델피신전에서 무녀巫女들은 암반 틈에서 나오는 천연가스를 흡입하고 최면상태에서 신탁을 내뱉는다. 그러나 신탁 내용은 난해해서 무슨 말인지 불분명한 경우가 많다. 아테네에는 신탁해석가라는 직업이 따로 있었다. 무녀들의 예언을 일상 언어로 알기 쉽게 해석해 주는 일이 신탁해석가들의 업무였다. 고액연봉을 받았다고 전해진다. 꿈보다 해몽이 어렵다. 대개는 지나 봐야 안다.

2012년 문 총재가 사망한 이후로 부인이었던 한학자 총재가 현재 천정궁에서 살고 있다. '후천개벽의 낙서洛書가 펼쳐지는 산'이라는 장락산의 의미는 여성 지도자의 의미를 품고 있다. 통일교에서 문선명 총재를 이은 한학자 총재는 '독생녀獨生女'로 인식되고 있다. 독생자에 이은 독생녀의 등장은 페미니즘 연구자들에게는 귀가 번쩍 뜨일 만한 콘텐츠가 아닌가 싶다. 한국에서 가장 장대하고 비싼 건물인 천정궁에서 사는 한학자 총재는 전생에 어떤 복을 지었길래 이런 궁궐에서 사는가? 귀와 복은 우연히 오지 않는다. 한국의 재벌가 오너 열 집을 모아 놓아도 천정궁에 비하면 족탈불급足脫不及이다. 그야말로 석조 궁궐이다. 한학자 총재 외가 쪽 조상들의 적선공덕이 크다. 조선 후기에 외가 쪽 선조인 조한준이라는 인물이 있었다. 평안도 정주에 달래강이라는 강이 있었고 여기에 돌다리를 설치하는 공덕을 쌓았다. 중국 사신들이 오면 이 달래강을 건너가야만 하고, 다리가 낡고 허물어져 없으니까 추운 날씨에도 지역 사람들 100여 명이 찬 물속에 들어가 사신 일행과 물품들을 옮길 수 있도록 인간 다리를 만들어야만 했다. 그 고통스러움을 자주 목격하던 조한준이 전 재산을 털어서 제대로 된 돌다리를 놓았다. 돌다리를 만드는 데 전 재산을 다 바치고 엽전 세 푼을 주머니에 남겨 놓았다고 한다. 다음날 다리 준공식에 참석

할 짚신을 사기 위해서였다. 그날 밤 조한준의 꿈에 수염이 하얀 할아버지가 나타나 예언을 하였다. "한준아, 네 공이 크구나. 그래서 너희 가문에 천자를 보내려 했는데, 남겨 놓은 엽전 세 푼이 하늘에 걸려서 공주를 보내겠노라." 엽전 세 푼마저 남기지 않고 다 썼으면 중국의 천자로 태어났을 터인데, 세 푼을 남겼기 때문에 공주를 보내겠다. 그 공주가 바로 '한학자'라는 이야기이다. 꿈에서 깬 조한준은 달래강가로 달려가보았다. 강 언덕 위에 이제까지 없던 돌미륵이 하나 생겨나 있었다. 그 돌미륵이 얼마나 영험한지 누구든지 말을 탄 채로는 돌미륵 앞을 지나갈 수 없었다. 말에서 내려 공손하게 절을 하고 지나가야만 하였다고 한다. 《평화의 어머니》(김영사)라는 책에 나온 내용이다. 조선 민초들의 토속신앙이 그대로 묻어나는 역사이자 전설이다.

보리산의 오하산방

천정궁이 장락산에 있다면 그 반대쪽에 있는 산이 보리산菩提山이다. 보리菩提는 불교용어이다. 지혜, 깨달음을 뜻한다. 이 보리산에는 한컴그룹(한글과컴퓨터) 김상철(67세) 회장의

오하산방

오하산방梧河山房이 있다. 한컴그룹 직원 연수원과 강당들이 그 산방 밑으로 들어서 있다. 필자가 흥미를 느낀 부분은 장락산과 보리산의 해발 높이가 똑같이 627m라는 사실이다. 10m 오차도 나지 않고 높이가 완전히 같다. 완벽한 쌍둥이 산이다. 더 재미있는 부분은 장락산이 바위가 돌출된 골산骨山이라면 보리

산은 흙으로 뒤덮인 육산肉山이라는 점이다. 골산이 영기와 기도발이라면 육산은 돈과 먹을 것을 상징한다. 골산이 종교인에게 맞는다면 육산은 사업가에게 맞는다고도 볼 수 있다. 서울의 남산이 서울 주변의 산들 가운데 유일하게 육산이다. 이 육산 주변에 돈이 되는 명당들은 삼성의 이병철이 일찌감치 찜을 해놓았다. 신세계, CJ 인재개발원 터, 태평로 본관 터들은 모두 육산인 남산 자락에 해당한다는 사실을 주목해야 한다.

아무튼 음산과 양산이 이렇게 나란히 대조를 이루면서 서 있는 경우는 드물다. 같은 높이의 두 산이 나란히 서 있는 풍광은 그리스에서 본 적이 있다. 기원전 1,500년경에 축조된 미케네의 왕궁터를 가본 적이 있는데, 트로이를 공략하였던 왕 아가멤논이 살았던 궁궐이다. 호메로스가 '황금이 흐르는 도시'라고 표현한 것처럼 미케네 문명은 아가멤논의 통치 하에 번영을 누렸다. 이 미케네 왕궁의 뒤로 두 개의 산이 마치 말의 양쪽 귀처럼 쫑긋 서 있었다. 대략 300m 높이로 보이는 이 2개의 산봉우리가 한국에서 온 풍수가에게는 매우 흥미로웠다. 높이가 거의 같은 두 봉우리의 기운이 합해져서 가운데로 뭉친 지점에 미케네 왕궁터가 자리 잡고 있었던 것이다. 한 개의 봉우리는 예언자의 뜻을 지닌 봉우리였고, 다른 하나는 제왕의 의미를 지닌 산이었다. 풍수학에서는 이러한 2개의 봉우리를 태을太乙과 천을天乙 봉으로 해석한다. 아주 상서롭다는 뜻이다. 전북 진안에도 마이산이 있는데, 암마이봉과 수마이봉이 있다. 이성계가 왕이 되기 전에 마이산에서 하늘의 신인으로부터 꿈에 금척金尺을 받았다는 전설이 전해진다. 제왕이 된다는 징표를 받은 셈이다.

물각유주物各有主라! 물건에는 제각기 주인이 있다. 장락산과 대구를 이루는 보리산에 198만m²(60만 평)의 터를 갖게 된 한컴의 김상철 회장과 인연이 된 것은 내 책 때문이었다. 김 회장은 내가 쓴 《사주명리학 이야기》 애독자였다. 출판된 지 20년 다 돼가는 책이다. 여러 권을 사서 비치해 놓고 사무실에서도 읽고, 화장실에도 놓고 읽는다고 했다. 이 책에 나오는 영발과 여러 도사의 이야기, 그리고 정신세계를 표현하는 여러 용어가 머릿

속에 쏙쏙 들어온다는 소감을 이야기하였다. "인간의 팔자와 도사들의 이야기에 왜 흥미를 느끼는가? 이거 다분히 미신스럽고 잡술에 관련한 이야기들 아닌가. 기업가가 이런 이야기에 너무 빠지면 사업에 지장 있는 것 아닌가?"라고 물었다. "체험이 있었기 때문이다. 40대 초반인 1995년쯤에 중국 항저우의 어느 호텔 로비에서 우연히 중국의 노스님을 만나게 되었다"라며 김상철 회장이 풀어 놓은 이야기이다.

중국 노승의 예언

회사 월급쟁이로 있을 때 중국 항저우에 출장을 갔다가 호텔 카운터에서 체크아웃을 하려고 대기하고 있었다. 그때 70대로 보이는 어느 중국 노스님이 누리끼리한 승복을 입고 호텔 문을 들어오더니만 곧바로 김상철에게 다가왔다. 그 노스님이 어떤 상서로운 서기瑞氣를 느껴 그 기운을 좇아서 와 보니 호텔 로비에 서 있던 김상철에게서 나오는 것이었다. 김상철에게 '너는 앞으로 큰 부자가 될 것이다. 너는 물이 마르지 않는 샘물 3개를 태어날

때부터 가지고 나왔다. 월급쟁이 하지 않고 너의 간판을 걸게 될 것이다. 사업 종목도 미래를 선도하는 사업을 할 것이다. 자식도 몇이고, 그 자식 중에서 막내가 의사를 할 것이다' 등등의 예언을 해주었다. 2시간 동안 호텔 로비에 있는 커피숍에 들어가서 생전 처음 본 중국 노승으로부터 미래에 벌어질 운명에 대해 듣게 된 것이다. 마침 같이 있던 일본 업체 이시바의 부사장이 중국어를 잘했으므로 통역을 해주었다. 그러고는 어떤 대가도 받지 않고 명함 하나만 건네주고 사라져버리는 게 아닌가.

그 이후로 중국 노승의 예언이 모두 들어맞았다고 한다. 월급쟁이 그만두고 자기 사업을 시작하게 되었고, IMF 난리통에도 오히려 돈을 벌어 대박을 터트렸고, 한컴을 인수하면서 흑자 기업으로 올려놓았다. AI·블록체인·드론·로봇·포렌식과 같은 미래산업, 즉 IT 업종을 하게 된 것도 예언에 있었다고 한다. 김상철 회장은 보리산 오하산방에 앉아서 '팔자란 과연 정해져 있단 말인가?' 하는 질문을 하늘에 한번씩 던져본다고 한다. '企業人天下之大本기업인천하지대본'이라는 비석 글씨도 있다. 장락산은 종교인에게 영발을 주고 보리산은 기업인에게 사업 아이템을 주는 산이다. 기업가도 영발 경영이 필요하다. ⛰

하늘이 만든 것치고 어떤 물건이건

모난 것은 없습니다.

모기 뒷다리, 빗방울, 눈물, 침같이

둥글지 않은 것은 없습니다.

＿ 연암 박지원

2장

치유의 땅

그곳에 가면 슬프지 않다

분노가 일 때는
물속의 달을 보라

서산 간월암

물속에 떠 있는 달은 수중월水中月이다. 하늘의 달이 물속에 비칠 때 이를 보는 것이 또 다른 묘미이다. 오죽 했으면 이태백이 물속에서 일렁거리는 달을 건지려다가 물에 빠져 죽었다는 이야기도 전해지는 것 아니겠 는가. 그림자가 주는 묘용妙用이다. 하늘의 달이 실체이고 물속의 달은 그림자에 지나지 않지만, 때로는 이 그림자가 인간에게는 깊은 상상력을 제공한다. 충청도 서해안의 천수만 가운데 섬에 있는 암자가 수중월의 진수를 보여준다. 간월암看月庵이다. 간월암은 우리나라에서 달을 보기에 가장 좋은 곳이 아닌가 싶다.

썰물로 드러난 간월암 바닷길. 덕숭산의 지기가 이 길을 타고 온다

옛 시에 이런 구절이 있다.

'간월암看月庵에서 달을 보고 놀다.'

인생기견월당두人生幾見月當頭! 인생에서 몇 번이나 머리 위로 떠오르는 보름달을 볼 수 있다는 말인가! 나이 60에 이르니 남은 인생을 생각하게 된다. 앞으로 남은 인생에서 가장 하고 싶은 일은 무엇일까. 돈 버는 일? 돈은 벌고 싶다고 마음대로 벌리는 게 아니다. 이 세상에 돈 안 벌고 싶은 사람이 누가 있겠는가. 뜻대로 되는 게 아니다. 하물며 나이 60은 벌리는 나이가 아니라 거두어야 하는 시기이다. 다 팔자소관에 맡겨야 한다. 외국의 명승지 여행? 이것도 어느 정도 했다. 공항에서 줄 서서 기다리고, 좁은 의자에서 장시간 비행기 타야 하고, 낯선 외국 호텔에 가서 체크인하고 트렁크 끌고 다니는 일도 이제 피곤하다. 책을 쓰는 일? 책도 그동안 스물몇 권 썼다. 쓰면 쓰는 거고 안 써지면 안 쓰는 거다. 그렇다면 무엇을 할 것인가? 가만히 생각해 보니 특별히 할 게 없다. 할 게 없으면 죽어야 하는가. 죽을 수는 없고 달 뜨는 거나 많이 봐야겠다는 생각이 든다. 남은 생애 동안 달을 많이 보다가 죽고 싶다.

달도 여러 가지다. 하늘에 뜨는 달이 있다. 천중월天中月이다. 언젠가 인도에서 밤에 버스를 타고 가다가 넓은 평원을 지날 때였다. 하늘에 둥실 떠 있는 보름달이 갑자기 눈에 훅 들어왔다. 가난한 인도인들의 집 지붕 위로 티 없이 떠 있는 달이다. 그 환한 빛이 내 마음을 달래주었다. 덜컹거리는 버스 안에서 하염없이 달을 바라보던 기억이 지금도 아련하다. 산봉우리 위로 떠오르는 달도 좋다. 산중월山中月이다. 보름달이 앞산의 봉우리 위로 방긋 떠오를 때 보는 맛이 따로 있다. 보름날 저녁에는 전남 장성 축령산 자락 휴휴산방 마루에 앉아서 앞산에 떠오르는 달을 감상한다. 적막한 산중에 사는 재미는 달 보는 데 있지 않겠는가. 달을 보면서 농월弄月도 하고 무월撫月도 한다. 달을 희롱하는 정자가 농월정弄月亭이고, 달을 애무하는 동네가 무월리撫月里다. 농월은 이태백李太白의 시에서 따왔다. 이태백은 '달에서 온 신선'이라고 불릴 만큼 달을 즐겼다. 망월(望月, 달을 쳐다보며 즐김), 보월(步月, 달밤에 걷다), 승월(乘月, 달빛을 좇다), 여월(艅月, 배를 타고 달을 감상하다) 등. 농월은 그 중 하나이다.

그림자는 인간에게 깊은 상상력을 준다

물속에 떠 있는 달은 수중월水中月이다. 하늘의 달이 물속에 비칠 때 이를 보는 것이 또 다른 묘미이다. 오죽했으면 이태백이 물속에서 일렁거리는 달을 건지려다가 물에 빠져 죽었다는 이야기도 전해지는 것 아니겠는가. 그림자가 주는 묘용妙用이다. 하늘의 달이 실체이고 물속의 달은 그림자에 지나지 않지만, 때로는 이 그림자가 인간에게는 깊은 상상력을 제공한다. 드라마와 영화의 화면발이라는 것이 따지고 보면 다 그림자에 지나지 않지만, 인간은 그림자에서 희로애락을 느낀다.

충청도 서해안의 천수만 가운데 섬에 있는 암자가 수중월의 진수를 보여준다. 간월암看月庵이다. 태안반도 남쪽에 자리한다. 간월암은 우리나라에서 달을 보기에 가장 좋은 곳이 아닌가 싶다. 저녁에 지는 석양을 보기에 좋은 지점이 땅끝마을 해남의 미황사美黃寺라고 한다면, 달을 보기에 좋은 지점은 간월도의 간월암이다. 불교의 《관무량수경觀無量壽經》이라는 경전에 보면 인간이 도를 닦는 방법 16관이 소개되어 있다. 16개의 수행법으로 극락에 다시 태어날 수 있다는 것이다. 극락이 어디인가? 걱정 근심 없고 마음이 편안하면 그 자리가 극락 아니겠는가. 16관 가운데 1관이 '일몰관日沒觀'으로 석양을 보며 흐트러진 마음을 통일하는 것이고 2관은 '수상관水想觀', '물'을 보는 것이다. 저녁에 지는 석양을 많이 보면 욕심이 떨어진다. 분노도 가라앉는다. 욕심을 버리고 치솟는 마음을 다독이는 데는 석양만 한 것이 없다. 석양도 바닷가에서 보는 것이 제일 효과적이다. 낙조가 바다로 떨어지는 장엄함은 설명이 불가능하다. 그 자체로 하나의 신비 체험이다. 내가 생각하기에 '일몰관'과 함께 하나의 짝을 이루는 게 수중월이다. 물에 비치는 달을 보는 것이다. 수중월을 감상하기에 최적의 지점이 바로 간월암이다.

바다의 광활함과 호수의 잔잔함을 동시에

만灣은 바닷물이 육지 쪽까지 파고든 지형을 가리킨다. 서해안 천수만淺水灣은 남북단 거리로 약 40km, 수심은 10m 이내로 큰 배는 드나들지 못한다. 바다의 광활함과 육지 호수의 잔잔함을 동시에 지니고 있는 장소가 바로 천수만이다. 호수인가 싶으면 바다인 것이, 호수도 아니고 바다도 아니다. 호수처럼 물이 잔잔해야만 달빛이 거울처럼 비치는 장면을 볼 수 있다. 파도가 치면 월광이 흩어진다. 이 월광이 작은 호수에 비치는 것보다는 넓은 바다에 비칠 때 자비심이 깊어진다. 모든 것을 다 포용하고 용서해 줄 것 같은 자비심은 광활함에서 나온다. 천수만淺水灣, 물이 얕은 만이라는 뜻이다. 수심이 얕아 깊은 바다에서 오는 공포감은 느껴지지 않는다.

지금은 간척이 되어 방조제를 따라 자동차로 주차장까지 가서, 썰물일 때 모래밭을 100m쯤 걸어가면 간월암에 도착할 수 있다. 방조제가 없던 옛날에는 배를 타고 가야 했다. 바다 가운데 조그만 섬 4~5개를 지나야 간월암에 갈 수 있었다. 아마도 천 년 전부터 간월암은 달을 감상하기에 좋은 뷰 포인트로 소문이 나 있었던 것 같다. 간월암 달력을 보니 선인들이 남겨 놓은 감상평이 소개되어 있다.

금오(金鼇, 큰 자라)가 외로운 한 봉우리를 이고 서 있고 위에는 간월암이 있어 경치가 절로 빼어나다. … 서해 섬 중에서 으뜸이고 달을 보기에 가장 좋기 때문에 간월도라고 부른다. 백 리의 둥근 호수가 넓게 하늘과 접하고 있다. … 바다의 많은 섬 중에서 그 아름다움을 견줄 수 있는 것은 없다. _《정재집定齋集》

가장 황홀한 것은 온 바다가 달빛을 받을 때 천척의 옥탑(간월암)이 거꾸로 잠기고 있다. _《간월암중수기看月庵重修記》

위 구절은 간월암의 풍광에 감탄한 내용이다. 《정재집》(1702년)과 《간월암중수기》(1898)는 모두 유가儒家의 글이다. 유가적인 맥락에서는 문학적인 시상詩想을 토로하는 경향이 있다. 문학적 표현은 사람들의 마음을 쉽게 끌어당긴다. 반면 불가적佛家的 맥락에서는 내면 세계의 마음공부로 초점이 모인다. 이게 어렵다. 불가에서는 내면 세계로 의식을 집중해야 한다고 강조하는데, 어떻게 의식을 내면으로 집중한다는 말인가. 말은 쉽지만 실천하기는 어렵다. 모든 생활환경이 우리 의식을 바깥으로 향하게 만들기 때문이다. 눈, 귀, 코, 입, 혀, 생각이라는 6개의 감각기관은 인간의 의식을 밖으로 향하도록 만든다. 정보가 들어오고 나간다는 것도 밖을 향하는 것이고, 돈을 벌기 위한 비즈니스 행위가 모두 밖으로 의식을 날뛰게 만드는 과정이다. 독서를 하고, 휴대폰을 보고, 인터넷을 하는 것도 외부로 의식을 향하게 한다. 그런데 이걸 모두 뒤집어서 안으로 향하도록 하는 것은 정말 어렵다. 도를 닦는 데는 반문명적 요소가 있다. 그래서 도 닦기가 녹록치 않은 것이다.

내면 세계로 의식을 집중한 상태, 즉 고요함을 어떻게 얻을 것인가. 결국엔 자기 마음이 중요하지만, 고요한 마음으로 들어가기 위한 전 단계의 외부적 환경이 필요하다. 일종의 무대 장치라고 할까. 마음을 고요하게 가라앉혀주는 환경이 갖춰져야 한다. 그 환경 중 하나가 달빛이 바다나 호수에 비치는 풍경이다. 달은 밤이 되어야 떠오른다. 밤은 컴컴하다.

어둠은 인간 의식에 영향을 미친다. 밖이 보이지 않으므로 안으로 향할 수밖에 없다.

　　보름날 간월암에서 천수만 바닷물에 비치는 달빛을 바라보고 있노라면 저절로 마음이 고요해진다. 도시에서는 이 고요함을 느낄 수 없다. 오직 벽으로 막힌 실내 공간에서만 잠시 고요를 느낄 수 있을 뿐. 그러나 도시의 고요함은 사방이 툭 터진 대자연에서 느끼는 고요함과 차원이 다르다. 간월암 앞바다는 호수와 같아서 파도 소리조차 별로 들리지 않는다. 밤에는 갈매기도 울지 않는다. 고깃배나 관광객을 실어나르는 배도 멈춰 엔진 소리도 없다. 어둠 속에 떠 있는 달은 태양처럼 눈부시지 않아 똑바로 바라볼 수 있다. 아무 소리도 없는 월광이 호수 같은 바닷물에 고요히 비치는 장면은 마치 시간이 멈춘 듯하다.

하나가 그대로 전부이며, 전부가 그대로 하나

간월암에서 보는 달은 고요하면서도 충만함이 느껴진다는 데 특징이 있다. 달빛은 은총이 내려오는 것 같다. 드넓은 바다에 내려앉은 달빛은 가슴으로 흘러든다. 마음이 차오른다. 차가운 느낌은 아니다. 부드럽고 따뜻하게 안아주면서도 한없는 고요와 광활함이 동시에 느껴진다. 먹고살기 위해 발버둥 치면서 온갖 이전투구를 해야만 하는 인간세계의 번잡함과 지저분함을 일거에 잠재워 버리는 고요한 충만함이다. 불가의 그림인 〈수월관음도水月觀音圖〉는 간월암 앞바다에서 보는 이런 풍광을 나타낸 그림이 아닐까. 수월관음의 사전적 정의는 '물에 비치는 달을 바라보는 관음보살'이란 뜻이다. 인간세상에서 맛보기 어려운 고요함과 달빛의 충만함이 겹치면 그것이 대자비大慈悲로 다가오지 않나 싶다.

　　대자비를 상징하는 수월관음의 이미지를 표현하려면 물에 비치는 달을 상정하지 않을 수 없었겠다는 생각이 든다. 달의 이미지는 불교의 화엄사상에서도 즐겨 사용한다. '일즉다一卽多 다즉일多卽一'의 화엄철학이 그것이다. '하나가 그대로 전부이며, 전부가 그대로 하나'라는 이치를 현상계에서 눈으로 확인할 수 있는 가장 좋은 사례는 물에 비치는 달이다. '월인천강月印千江'이 바로 그것이다. 하늘의 달은 하나지만 지상의 물에 비칠 때는 천 개의 강물에 같이 비친다는 것. 부처의 진리는 하나이지만 수많은 중생들을 깨우치게 한다는 뜻이다. '월인천강'은 왕과 신하의 관계에도 빗댈 수 있다. 제왕과 1,000명의 신하는 '일즉다'의 관계이다. 그래서 화엄사상의 '일즉다 다즉일'은 중앙집권을 강화하는 명분에 딱 맞다. 불교권의 제왕들이 좋아했던 사상체계이기도 하다. 조선의 정조는 자신을 나타내는 서명을 할 때 '명월만천옹明月萬川翁'이라는 서명을 사용한 바 있다. 임금이란 무엇이냐, 명월만천옹이다. 하늘의 명월이 만 개의 냇물에 비친다. '내가 그런 사람이다'라는 뜻이다.

불가에서 도가로 넘어가면 달의 의미가 또 달라진다. 달이 에너지원으로서 의미가 부각된다. 우선 달은 초승, 보름, 그믐달로 변한다. 태양은 변하지 않지만 달은 커졌다 작아졌다 하면서 모습을 달리한다. 이 변화가 지상에 영향을 미친다. 밀물과 썰물이 그것이다. 달의 인력에 따라 밀물과 썰물의 시간대도 달라진다. 조수간만에 따라 어부들의 고기잡이 시간도 달라진다. 배를 타고 나가는 시간과 들어오는 시간이 달의 변화에 따라 정해지는 셈이다. 태양도 인간세계의 시간표를 정하는 기능이 있지만, 달 또한 인간세계의 주기율표를 정하는 역할이 있다. 한자문화권에서 2,500년 동안 생명을 이어오고 있는 음양오행陰陽五行의 사상도 첫 대목이 음陰으로 시작한다. 여기서 음은 달이다. 달이 맨 앞에 있다는 사실을 주목해야 한다. 왜 앞에 있나. 그만큼 영향력이 크다는 사실을 의미한다. 왜 큰가. 커졌다 작아졌다 하고 변하니까 그 변화가 인간 생체리듬에 직접적으로 느껴진다는 의미가 내포되어 있다. 인간의 혈액도 액체니까 달의 영향을 받는다. 여성의 생리를 왜 월경月經이라고 이름 붙였겠는가. 달의 주기와 맞다는 뜻이다.

간월암 산신각 산신도

155

달의 주기는 인체 리듬의 주기

보름달이 뜰 때는 음식도 적게 먹는 게 좋다. 달의 에너지가 많이 들어오니까 음식을 줄이는 게 균형에 맞는다. 서양에 〈나자리노〉, 〈울프〉 같은 괴기영화가 있다. 인간이 동물, 늑대로 변한다는 줄거리다. 영화의 배경은 꼭 달이 뜰 때다. 달이 인간의 감정과 정서에 영향을 미친다는 인식이 전제되어 있다. 고대로부터 서양에서 내려온 인식이 반영된 영화다. 어찌 되었든 서양에서도 고대부터 달이 인체의 리듬에 밀접한 영향을 미친다는 이치를 알고 있었다는 징표라고 생각한다. 도가에서 달을 주목하고 있었던 결정적 대목은 《주역》의 곤괘坤卦에 등장하는 '서남득붕西南得朋 동북상붕東北喪朋'이다. '서남쪽에서는 친구를 얻고, 동북쪽에서는 친구를 잃는다.' 도대체 무슨 뜻인가. 중국의 한족 입장에서 볼 때 동북은 동이족이 사는 방향이고, 이 방향으로 잘못 나갔다가는 낭패를 본다는 뜻일까. 동북 동이족에 대한 콤플렉스의 반영인가. 나는 이 대목을 20년 넘도록 이해하지 못하였다. 근래에 남회근 선생의 《참동계參同契 강의》를 보니까 이 대목을 남 선생이 명쾌하게 해석하였다. 남 선생 본인도 이 대목을 오랫동안 고민했다는 소회도 곁들여 있다.

　　남 선생 이야기로는 달 뜨는 방향으로 보아야 한다는 주장이다. 그리고 붕朋은 명明

간월암 산신각

으로 해석해야 한다. 달이 뜰 때도 상현, 하현, 보름달에 따라 각기 방향이 다르다. 곤괘는 달을 상징한다. 매월 초사흘이면 서남방에서 달이 보이기 시작한다. 이 달이 초승달이다. 초승달은 서남방에서 뜨기 시작한다. 23일이 되면 한쪽이 이지러진 하현달이 동북쪽에 보이기 시작한다. 그러다가 그믐이 되면 동북쪽에서 달이 아예 사라진다. 달이 사라진 상태를 동북상붕이라고 《주역》 곤괘에서 표현하였다는 게 남 선생 해석이다. 곤괘는 달이 사라진 상태다. 달이 안 보이는 컴컴한 상태가 바로 곤괘, 텅 빈 상태라고 본 것이다. 달이 왜 이처럼 《주역》에서 비중 있게 다뤄졌는가. 달의 상태에 따라 도가의 수련 방법이 바뀌기 때문이다. 달의 정기를 흡수하는 태음공太陰功은 고대부터 도가의 내단內丹 수련가들에게 중요한 정보로 여겨졌다. 달의 변화에 따라 잠자는 시간, 호흡의 방법, 몸 안의 에너지를 순환시키는 주천화후周天火候의 타이밍이 변화된다. 신선이 되려면 달을 모르면 안 된다는 의미가 함축되어 있다. 2020년 6월 6일(양력) 밤 10시 반쯤 간월암에서 보름달을 보니까 남동쪽에 떠 있다. 8시쯤 동쪽에서 떠서 밤 10시가 넘어가니까 남쪽으로 이동해 가는 중이다.

천수만에 떠 있던 여러 개의 섬 가운데 하나인 간월도가 수행처로 주목받은 이유는 또 있다. 하나는 수덕사가 있는 덕숭산德崇山의 지기가 간월도로 내려왔다는 점이다. 간월암에는 산신각이 영험하다. 직선거리로 50~60리(20~23km) 정도 떨어져 있는 덕숭산의 기운이 바다 밑의 암반으로 이어져 오면서 간월암 산신각 터로 뭉쳤다. 앉아 보면 기운이 짱짱하다. 간월암 산신각은 옛날부터 영험한 터다. 바다에 있는 섬이니까 용왕각이 있어야 하지만, 덕숭산의 지기가 내려왔으므로 옛날 도인들이 산신각을 지어 놓은 것이다. 간월암에 스님들이 살 수 있었던 이유는 식수다. 먹을 수 있는 물이 나온다. 물의 양도 제법 된다. 여러 명이 살 수 있는 양이다. 인생이 허하다고 느껴지거나, 화병 날 것 같은 사람은 간월암에 가서 달빛 바다를 한번 보아야 한다. 간월암은 서해안의 영지임에 틀림없다. ▲

자장 율사가
백골 옆에서
수행하던
돌무덤

사자산 법흥사

빛이 밝으면 내면 세계로 깊이 들어가기 어렵다. 칠흑 같은 어둠 속에서 인간은 내면의 깊은 무의식의 세계로 들어갈 수 있다. 그런 공간이 어디인가? 여우가 들락거리는 입구가 좁은 자연 동굴이다. 자장 율사 백골관터도 입구가 아주 좁다. 사람이 간신히 들어갈 수 있다. 내부는 어둠이다. 촛불을 켜고 있지는 않았을 것이다. 석분 내부는 그야말로 100% 어둠이다. 자장 율사도 이곳에서 백골을 놓고 수행하지 않았을까 짐작된다.

서양 기독교에서는 구원을 말한다. 구원이란 괴로움에서 벗어나는 것이다. 이 구원이 동양에서는 '도통道通'이 아닌가 싶다. 도를 통하면 괴로움에서 해탈한다. 그렇다면 어떤 방법으로 도통한다는 말인가? 방법이 관건이다. 불교에서 말하는 방법은 두 가지이다. 하나는 수식관數息觀이고, 또 하나는 백골관白骨觀이다. 수식관은 자신의 들숨과 날숨의 숫자를 세면서 호흡을 관찰하는 수행법이다. 호흡을 관찰하다 보면 저절로 정신집중이 된다는 것이다. 남방불교의 위빠사나 수행법은 대개 이 수식관이다.

백골관은 사람의 백골을 쳐다보는 방법이다. 백골을 쳐다보면서 명상을 한다는 이야기이다. 관찰이 깊어진 상태를 불교에서는 관觀이라고 한다. 밤에 올빼미가 나뭇가지에 앉아서 빨갛고 커다란 눈으로 쥐의 움직임을 아주 고요하면서도 차분하게 바라보는 상태가 관의 개념이다.

신라 불교의 정석을 깔아 놓은 인물이 바로 자장 율사(慈藏律師, 590~658년)이다. 양산 통도사, 울산 태화강 입구에 세워졌던 태화사(太和寺, 태화강은 태화사에서 유래하여 붙여진 이름이다), 오대산 월정사, 태백산 정암사가 바로 자장 율사가 창건했다. 아파트 30층 높이로 전해지는 황룡사 구층목탑도 자장 율사의 건의로 세워졌다. 신라 불교의 골격과 뼈대를 형성한 고승이 자장 율사이다. 그런데 자장이 도를 깨달은 방법이 백골관으로 알려진다. 젊었을 때 깊은 산속에 들어가 백골관을 닦았다는 기록이 《삼국유사》에 남아 있다. 오늘날 한국 불교의 주된 수행법은 방석 위에서 화두를 참구하는 간화선이다.

사자 주둥이에 자리잡은 절

백골관은 구체적으로 어떻게 하는 것이었을까? 고려와 조선시대 고승들이 백골관으로 수행했다는 이야기가 기록에 별로 남아 있지 않다. 자장 율사만 백골관이다. 백골관을 닦을 때 어떻게 했는지 알 수가 없다.《삼국유사》에는 단순하게 '백골관을 했다'는 한 줄만 나온다. 대학 다닐 때 이 한 줄을 읽은 이래로 백골관을 어떻게 하는지가 수십 년간 궁금했다. 필자는 이 백골관이 끌린다. 다른 수행법보다도 '막고 품는' 방법으로 보이기 때문이다. 원초적이고 아주 단순하면서도 강렬한 방법이다. 우리같이 머리가 복잡한 사람은 '단순무식'이 좋을 때가 많다. 돌직구가 맞을 땐 아프지만 효과는 확실하지 않은가. 정교하고 섬세하면 효과를 못 느끼는 약점이 있는 체질이다.

근래 강원도 영월 사자산 아래에 자리 잡은 법흥사에 가보았다. 멀리에서 사자산 산세를 보니 신라말 구산선문(九山禪門, 신라 말과 고려 초에 형성된 선종의 아홉 파派) 가운데 하나인 사자산문獅子山門이 왜 생겼는지 짐작이 갔다. 사자산은 그 모습이 마치 사자의 대가리 같이 생겼다. 수사자 머리의 갈기가 무성하게 풀어져 있는 모습이다. 도교, 선도仙道에서는 호랑이를 좋아하지만, 인도에서 시작된 불교는 사자를 좋아한다. 인도에는 사자도 살았기 때문이다. 우리나라에서 필자가 가본 사자의 형상을 한 산은 두 군데인데, 전남 장흥의 사자산과 영월의 사자산이다. 사자산에는 사자앙천혈獅子仰天穴의 명당이 있기 마련이다. 사자가 하늘을 보고 포효하는 형국을 가리킨다.

법흥사도 이 사자 대가리의 주둥이 부위에 자리 잡은 절이다. 이날 같이 동행한 사찰 풍수의 대가 혜담慧潭 스님의 말에 따르면, 법흥사는 예전에 사자 혓바닥 위로 길을 내서 좋지 않았다고 한다. 사자 혓바닥 위로 사람이 다니는 격이라, 사자가 포효하는 데 지장이 있다는 것이다. 그래서 17~18년 전쯤 혜담 스님의 조언으로 당시 주지스님이 혓바닥 바로 옆으로 길을 새로 냈다고 한다. 돌로 만든 사자석상 주둥이로 약수가 나오는 약수터가 있고, 이 약수터 오른쪽 방향의 사자 혓바닥 옆으로 새로 낸 길을 따라 10분 정도 언덕으로 올라가면 적멸보궁이 나온다. 부처님 진신사리를 모셔 놓은 곳을 적멸보궁이라고 한다. 이 적멸보궁 터가 기운이 뭉친 지점이다. 앞으로는 구봉산九峰山이 병풍처럼 터를 감

자장 율사 진영, 오대산 월정사 진영각

싸고 있고, 왼쪽으로는 문필봉도 보인다. 법흥사는 앞산인 구봉산이 아주 화려하다. 화려하고 영양가 있는 산세를 접하면 종종 화투에 비유하곤 하는데, 구봉산은 '비풍초똥팔삼'이 모두 포진한 산세라고나 할까. 영험한 산세를 속세의 땟국물에 절은 화투에 비유함으로써 성聖과 속俗이 둘이 아니라는 이치를 깨닫고 싶은 욕구의 작동이다.

썩어가는 시신 옆에서 욕망의 허망함을 깨닫다

문제는 적멸보궁 법당 뒤에 살포시 자리 잡은 둥그런 봉분이다. 언뜻 보면 무덤같이 생겼다. 그러나 자세히 보면 돌로 만든 입구가 있다. 입구의 크기가 가로 40cm, 세로 20cm쯤 될까. 사람이 엎드리면 기어서 간신히 들어갈 수 있는 크기이다. 공식 명칭은 영월 법흥사 석분石墳이다. 돌로 만든 무덤이라는 뜻이다. 바로 여기에서 자장 율사가 수행을 했다고 전해진다. 자장은 젊어서는 경주 일대에서 수행을 했을 것이고, 그 이후 당나라도 갔다 왔고, 신라로 귀국해서도 계속 도를 닦았을 터인데, 도 닦던 장소 가운데 하나가 법흥사 적멸보궁 뒤에 있는 이 석분이다.

석분 옆에 서 있는 표지판의 설명을 보자. 입구를 통해 돌방(석분) 안으로 들어가보면 내부는 돌로 벽을 쌓았다고 되어 있다. 6단 수직벽이다. 돌방의 크기는 어떤가? 높이는 160cm, 길이는 150cm, 너비는 190cm이다. 성인 한 사람이 들어가 앉거나 누울 수 있는 크기의 공간이다. 돌방 뒤편에는 돌로 된 널이 설치되어 있었다. 널빤지처럼 길쭉한 돌이 있었고, 그 위에는 사람의 뼈가 있었다고 한다. 그래서 혹자는 이 안에서 수행하다가 죽은 고승의 뼈가 놓여 있었던 것이 아닌가 추측하기도 한다. 일종의 무덤으로 생각하는 셈이다. 그런데 석분을 보고 직감적으로 와 닿은 나의 느낌은 '자장의 백골관 수행터'라는 것이었다.

적멸보궁 내부. 유리창 밖으로 봉분이 보인다.

백골관은 인도에서 시작되었다. 인도에서는 사람 시체를 길바닥에 그대로 던져 놓는 관습이 있다. 화장을 하려면 장작값이 들어가니까, 장작을 아끼려고 적당한 곳에 그냥 던져 놓는 것이다. 지금도 인도 바라나시에 가면 떠돌이 개들이 장작불에 타다 남은 시체의 팔뚝과 살점을 물고 돌아다니는 모습을 볼 수 있다. 덥고 습한 날씨에 시체는 금방 썩었다. 썩어가는 시체는 길거리 곳곳에 흔했다. 고대의 수행자들은 이 시체 옆에 자리를 깔고 앉아 지독한 냄새 속에 썩어가는 모습을 바라보면서 몇 달씩 명상을 했다. '아, 육신은 결국 이렇게 썩어 없어지는 것이구나! 내가 그토록 보존하려고 바둥거렸던 육신이 썩을 수밖에 없는 것이구나!' 썩어가는 시체를 바로 눈과 코앞에서 생생하게 바라본다는 것은 너무나 막고 품는 수행법이 아닐 수 없다. 인간은 눈으로 보고 코로 냄새를 맡아볼 때 확실히 안다. 육신의 허망함은 책으로 읽어서 알 수 있는 것은 아니다. 살점이 무르고 짓이겨지

고 역한 냄새를 풍기던 시신이 마침내 여남은 개의 뼛조각으로 남는 모습을 직접 눈으로 볼 때 확실하게 알게 된다. 그제야 애지중지 품었던 세속의 욕망을 떨쳐버릴 수 있는 것이다.

이것이 백골관의 유래이다. 살점이 썩어서 백골로 변해가는 모습을 5~6개월 관觀하다 보면 어떤 이치라도 하나 깨우치지 않겠는가! 짐작건대 자장 율사가 실천했던 백골관은 이미 살이 썩은 뒤에 남은 백골, 즉 해골을 옆에 놓고 명상을 했던 게 아닌가 싶다. 석분에 있었다는 백골은 수행하던 고승의 백골이라기보다는, 수행의 도구로 가져다 놓은 백골일 가능성이 높다. 자장 율사도 이곳에서 백골을 놓고 수행하지 않았을까 짐작된다. 자장이 처음 백골관을 닦은 이래로 그 전통이 계속 이어져 고려와 조선에 이르기까지 승려들이 백골을 놓고 이 어두컴컴한 돌방에서 관을 닦은 것으로 보인다. 바꾸어 말하면 육탈이 된 백골만을 석굴에 가져와 관을 하였다는 의미이다. 인도처럼 썩기 시작해 냄새나는 시체를 놓고 했던 것은 아니었던 듯하다.

여우굴에서 도통하는 야호선

석분을 보고 또 하나 번쩍 들어오는 직감은 '이 석분이 고대의 야호선野狐禪 수행터일 가능성이 높다'는 사실이다. 야호선은 고대 동북아시아의 수행법이다. 작은 굴속에서 수행하는 명상법이다. 핵심은 빛이 거의 들어오지 않는 어두컴컴한 굴이다. 호狐는 여우다. 그러니까 여우가 겨우 들락거릴만큼 입구가 작아야 한다. 사람이 간신히 기어들어 갈 수 있는 좁은 입구로, 입구가 크면 빛이 들어갈 수밖에 없다. 빛이 안 들어와야 한다. 이런 컴컴한 굴속에 한두 달 들어앉아 명상을 하며 도를 통하는 수행법이 바로 야호선이다. 이를 도교에서는 호선숭배狐仙崇拜라고 한다. 여우 신선을 숭배한다는 뜻이다.

도교 전문가인 안동준 경상대 교수에게서 고대 동북아시아의 야호선 전통을 전해 들었다. 고대 동북아시아에는 흰색 여우를 숭배하는 전통이 내려왔다고 한다. 좌청룡 우백호의 우백호가 지금은 흰색 호랑이(白虎)로 대체되었지만 원래는 '흰색 여우'라는 뜻의 백호白狐였다는 것이다. 그만큼 흰색 여우는 신성하게 여긴 동물이다. 지금도 중국의 일부 지역에서는 흰색 여우를 숭배하는 전통이 남아 있다. 호선狐仙 신앙이다.

호선 신앙과 야호선의 핵심은 컴컴한 공간에 있다. 빛이 밝으면 내면 세계로 깊이 들어가기 어렵다. 칠흑 같은 어둠 속에서 인간은 내면의 깊은 무의식의 세계로 들어갈 수 있다. 그런 공간이 어디인가? 여우가 들락거리는 입구가 좁은 자연 동굴이다. 자장 율사 백골관 터도 입구가 아주 좁다. 사람이 간신히 들어갈 수 있다. 내부는 어둠이다. 촛불을 켜고 있지는 않았다. 석분 내부는 그야말로 100% 어둠의 공간이다.

중국 도교의 한 파派인 전진교全眞敎의 창시자인 왕중양(王重陽, 1112~1170년)이 처음 도를 닦기 위해서 이 방법 저 방법을 시도했지만 효과가 없었다. 마지막으로 시도한 방법이 땅 밑으로 수 미터의 굴을 파고 들어가는 것이었다. 어둠 속에서 2년여 정도 좌선한 끝에 마침내 도를 통한 왕중양은 밖으로 나와 전법에 나섰다. 이 땅굴을 '활사인묘活死人墓'라고 부른다. '살아서 죽은 사람의 묘'라는 뜻 아니겠는가. 전진교는 기존의 도교와는 다른 길을 걸었다. 주술적인 방법으로 불사不死의 삶을 사는 신선이 되고자 하는 도교와는 다르게, 주술은 쓰지 않고 오직 엄격한 수행으로 삶에서 깨달음을 이루려 했다. 왕중양은 이 활사인묘 수행법에서 새로운 종교적 관점을 얻은 것이 아닌가 싶다.

'활사인묘'는 고대 동북아시아 샤머니즘 전통에서 유래한 호선 신앙에 뿌리를 두고 있다. 자장 율사의 석분도 왕중양보다 훨씬 이전에 '활사인묘'의 전통에 뿌리를 둔 것으로 보인다. 백골관과 활사인묘의 결합이다. ▲

얻음은 그 때를 만난 것이요, 잃음은 자연의 순리에 따른 것이다.
세상에 오면 편안히 그 때에 머물고, 떠나면 또 그런 순리에 몸을 맡기면
슬픔과 기쁨이 비집고 들어올 틈이 없다.

＿ 장자

도망자 임꺽정의 발길 잡은 절경

신선이 좋아할 만한 곳엔 바위, 물, 달, 소나무가 있다. 바위 암반에서 지구 자력 에너지인 불(火) 기운을 받고, 이를 식혀 주는 수水 기운을 강물에서 받고, 소나무를 보며 인문학적인 풍류를 느끼고, 달을 보면서 감정을 순화한다. 고석정은 이러한 4가지 조건을 모두 충족한다. 전국 명산의 계곡을 다니다 보면 이런 4가지 조건을 갖춘 곳은 거의 옛날 신선이나 도인, 학자들이 놀았다는 일화가 전해진다. 영지靈地가 지닌 미학이다.

쫓는 자와 쫓기는 자. 나는 쫓기는 자에 대한 동정심이 있다. 인생이 고해苦海라고 할 때, 이 고해는 뭔가 모르게 쫓기는 심정에서 연유하지 않나 싶다. 기업을 하는 사람들은 종업원 월급 날짜가 다가오면 월급 줄 돈 마련을 어떻게 해야 하느냐는 생각에 쫓기고, 서민들은 생활비와 각종 납부금 낼 생각에 쫓긴다. 50대의 월급쟁이는 언제 내가 조직에서 쫓겨나는가 하는 초조함에 쫓긴다. 이 글을 쓰는 나는 원고 마감에 쫓긴다. 문필가는 원고 마감 기한에 쫓기는 생활을 감내해야 하는 팔자이다. 땅덩어리가 큰 나라인 미국과 중국이 좋은 점이 있다면 쫓길 때 도망갈 구멍이 많다는 점이다. 서부영화에서도 총잡이가 막다른 골목에 몰리면 멕시코 국경을 넘어 도망갈 수 있다. 주인공이 탈주에 성공해서 붙잡히지 않고 살아 있어야만 스토리가 형성된다. 빨리 죽어버리면 재미가 없다.

중국도 마오쩌둥이 부하들을 이끌고 15,000km의 대장정大長征을 할 수 있는 넓은 대륙이 있었기에 홍군紅軍이 장제스 군대에 붙잡히지 않고 살아남을 수 있었다. 땅 넓은 효과를 본 셈이다. 만약 한국처럼 땅덩어리가 좁았더라면 장정이 성공할 수 있었겠는가. 얼마 못 가서 다 결딴났을 것이다.

당시 변변한 신발이 없어서 거지발싸개를 하고 중국 대륙을 도망 다녔던 홍군의 자식, 손자들은 오늘날 태자당이 되어서 온갖 특혜를 누리는 상류층으로 살고 있다. 쫓기면서도 살아남았을 뿐만 아니라 역사의 승자가 되었으니까, 그 대장정이 오만 가지 스토리로 각색되어 후세인들을 끌어들이는 콘텐츠가 될 수 있었다.

한국은 땅이 좁아서 살아남기가 힘들다. 금방 잡혀 버리는 치명적인 단점 탓에 대하소설이 나오기가 쉽지 않다. 강원도 철원에 있는 고석정孤石亭, 한탄강 중류 바위 협곡 중간에 불쑥 솟아 있는 바위 꼭대기에 있었던 정자이다. 지금은 사라진 정자 바로 밑의 바위 동굴에 조선 명종 때의 의적 임꺽정(林巨正, ?~1562년)이 숨어 있었다는 구전이 현지에서 전해진다.《명종실록》등 기록에는 임꺽정을 잔혹한 도적으로 묘사하지만, 엄혹한 시대에 살아남기 위한 항거였다. 임꺽정이 활동했던 기간은 대략 3년으로 본다. 1559~1562년까지이다. 적어도 10년 이상 도망 다닐 수 있는 공간이 있었더라면 그의 무용담과 이야깃거리는 훨씬 풍부해졌을 것이다. 한반도 땅이 좁으니까 3년밖에 활동을 못 했다.

신선이 놀 만한 4가지 요소, 바위 물 달 소나무

그럼에도 불구하고 벽초 홍명희(1888년~?)는 임꺽정 이야기를 일제강점기 때 〈조선일보〉에 12년 동안이나 연재하였다. 12년이면 엄청난 장기 연재에 해당한다. 당시에는 소설을 읽기 위해 신문을 본다고 할 만큼 그 인기가 대단했다고 한다. 역사적 인물을 민중의 영웅으로 부활시킨 벽초는 소설 《임꺽정》을 쓴 덕택에 이북으로 가서 김일성에게 대접도 받고 부수상도 지낸 것 아니겠는가.

다시 본론으로 돌아가, 임꺽정이 도망 다닌 3년의 시간도 비교적 오래갔다고 보아야 한다. 경기도 양주에서 백정의 아들로 태어난 임꺽정은 주로 황해도 봉산과 재령 일대에서 의적 활동을 했다. 구월산을 근거지로 삼기도 했다. 주된 활동 무대였던 황해도권과는 떨어져 있지만 그가 피신했다고 전해지는 고석정은 강원도에 속하는 철원이다. 물론 그가 한양 정부의 정규 토벌대를 상대했던 일급 현상수배범이었으니 피신했던 아지트도 수십 군데 있었다고 추측해야 한다.

동학의 2대 교주 해월 최시형이 수운 최제우가 죽은 뒤로 쫓아오는 추적대를 피해 영월, 제천, 단양 사이의 산골과 오지 마을에 숨었던 아지트가 대략 150군데에 가까웠다는 이야기를 들은 바 있다.(원광대 박맹수 교수가 해월의 피신처를 연구한 결과이다.) 이로 미루어보건대 임꺽정도 여러 군데 숨을 수 있는 아지트가 있었을 것이다. 그 가운데 가장 비주얼을 갖춘 은신처가 바로 한탄강 중류의 고석정이 아닌가 싶다.

화강암과 현무암으로 이루어진 협곡
곳곳에는 네댓 사람은 들어갈 수 있는
자연 동굴이 형성되어 있다.

처음 고석정을 보았을 때 그 절경에 감탄했다. 양쪽으로 20~30m의 바위 절벽이 둘러싸고 있는 중간에 사람 팔뚝 모양으로 솟은 커다란 바위 봉우리(고석孤石)가 있다. 암봉의 높이는 대략 10m쯤 될까. 암봉 정상과 주변에는 소나무도 몇 그루 있다. 멀리서 보면 그대로 산수화의 한 폭 그림이 된다. 더군다나 한탄강 강물이 암봉 주변으로 유유히 흐르고 있다. 가히 신선이 놀 만한 경치이다. 어찌 임꺽정은 도망 다니는 신세임에도 불구하고 이런 절경에서 피신할 수 있었단 말인가. 도피 생활이 아니라 신선이 놀 만한 풍광을 즐겼단 말인가! 한편으로는 쫓기는 자의 불안감이 있었겠지만, 한편으로는 주변 풍광을 최대한 즐기자고 작심한 측면도 엿보인다. 주관적으로는 불안이지만 객관적으로는 풍류이다.

그동안 관찰한 결과, 신선이 놀 만한 풍광은 몇 가지 조건을 갖추고 있다. 첫째가 바위가 있어야 한다. 바위 절벽이나 또는 바위 암반이다. 넓적한 바위 암반이 있고, 그 옆에는 물이 흘러가야 한다. 아니면 호수가 있든지. 그러한 강물이나 냇물가의 바위 암반에 옆에는 소나무가 있어야 한다. 수백 년 된 소나무가 휘어져서 그 암반을 향해 우산 같은 형상을 하고 있으면 금상첨화이다. 그 다음에는 하늘에 달이 떠야 한다. 음력 14, 15, 16일이 좋다. 달에서 나오는 에너지를 받아야 채음보양採陰補陽이 된다. 달의 에너지가 음기이니까 이 음기를 받아서 양기에 도움이 되도록 하는 것이다. 양기만 성하고 음기가 부족하면 균형이 깨진다. 성질 급하고 저돌적인 스타일은 달의 기운을 받는 것이 좋다. 문탠 Moontan도 필요한 것이다. 선탠Suntan만 있는 게 아니라 문탠도 있다. 문탠이 바로 달맞이에 해당한다. 바위 암반에서 지구 자력 에너지인 불(火) 기운을 받고, 이를 식혀주는 수水 기운을 강물에서 받고, 소나무를 보며 인문학적인 풍류를 느끼고, 달을 보면서 감정을 순화한다. 고석정은 이러한 4가지 조건을 모두 충족하는 포인트로 보인다. 전국 명산의 계곡을 다니다 보면 이런 4가지 조건을 갖춘 곳은 거의 옛날 신선이나 도인, 학자들이 놀았다는 일화가 전해진다. 영지靈地가 지닌 미학美學이다.

벽초 홍명희는 몰랐던 구전의 장소

도적의 괴수였던 임꺽정이 풍류를 즐길 줄 아는 어떤 바탕, 또는 안목이 있었는지도 모르겠다. 한 분야에 극단으로까지 가 본 사람은 다른 분야에도 자연스럽게 눈이 떠진다. 하나가 터지면 다른 것도 터진다. 대도大盜이자 의적義賊이었던 임꺽정은 예술적 미학에도 눈을 떴을 가능성이 크다.

역사를 거슬러 가보면 고석정은 옛날부터 알려진 곳이었다. 신라 진평왕과 고려 충숙왕이 바위 정상에 있었던 정자에서 노닐었다는 기록이 있다. 왕들이 와서 놀았다는 기록이 남아 있는 것으로 보아 고석정의 풍광은 꽤 소문났던 곳이었다. 그런데 여기서 한 가지 의문점이 생긴다. 홍명희의 소설《임꺽정》에서는 임꺽정이 숨었다는 이 고석정 이야기가 나오지 않는다. 왜 안 나왔을까. 박람강기(博覽强記, 동서고금의 서적을 널리 읽고 내용을 잘 기억함)의 소유자였던 홍명희가 왜 고석정에 대해 묘사하지 않았을까. 아마도 몰랐던 것 같다. 임꺽정 관련 문헌자료에는 고석정이 등장하지 않는다. 임꺽정 관련 문헌은 대부분 참고하였을 홍명희가 자료를 통해서는 이 고석정을 알 수 없었다. 고석정은 자료에는 나오지 않고 철원 현지에서 구전으로만 전해지는 장소였던 것이다. 그래서 문필가나 소설가는 반드시 현장에 가봐야 한다. 현장 답사 또한 정보가 필요하다. 알아야 가 볼 것 아닌가. 만약 벽초가 고석정에 대해 미리 알았다면 소설《임꺽정》의 한 챕터는 고석정 관련 이야기로 채웠을 가능성이 높다. 이런 절경을 보고 어찌 묘사를 하지 않겠는가. 엄청난 상상력이 가동되는 풍광이다. 풍광이 작가의 상상력을 자극하는 법이다.

신라와 고려의 왕들이 노닐던 곳

고석정이 있는 바위 봉우리를 한참 바라다보면서 또 하나 궁금한 점이 있었다. '임꺽정이 숨어든 동굴이 있다는데 어디쯤인가?' 10m 높이의 바위 꼭대기 부근에 굴이 있다고 들었는데 외부에서는 보이지 않았다. 정상 부근 왼쪽에 홈이 파인 부분을 동굴이라고 지칭했던 것일까. 이럴 때는 현지 토박이를 만나서 물어보는 게 빠르지만 아쉽게도 주위에는 관광객뿐이다. 마침 유람선이 두세 척 보였다. 한 척당 5~6명의 관광객을 태우고 주변을 한바퀴 돌아보는 조그만 배이다. 평지에서 강물을 보는 것과 배를 타고 수면 위에서 강 양쪽의 풍경을 보는 것은 느낌이 전혀 다르다. 배를 타고 보아야만 강안江岸의 진면목을 알 수 있다. 뱃삯 5,000원을 내고 배에 오르니 50대 중반의 뱃사공이 철원 토박이였다.

"임꺽정이 숨었던 굴은 뒤쪽에 있어요. 바로 저쪽이에요."

배를 타고 강물 위에서 고석정 뒤쪽을 올려다보자 굴 입구가 보일 듯 말 듯 하다.

"몇 사람이나 들어갈 수 있어요?"

"입구가 좁아서 기어들어 가다시피 해야 해요. 들어가면 성인 남자 네댓 명이 고스톱 칠 정도의 공간이 되죠."

바위에 올라가서 굴을 보고 싶은 마음이 굴뚝같았지만 요즘은 통제구역이 돼서 올라갈 수가 없다.

《동문선東文選》에 기록된 석무외의 〈고석정기〉에 따르면 '철원에서 남쪽으로 만 걸음을 가면 신선의 구역이 하나 있다. 이름하기를 고석정이라 한다. 우뚝 솟은 바위 위에는 구멍이 있는데 기어서 들어가면 마치 집과 같아 10여 명이 앉을 수 있다'고 되어 있다. 임꺽정이 숨었다는 굴이 이곳이다. 굴은 거의 꼭대기 부근에 위치한다. 입구도 반대편에 있다. 전망대에서 내려다보았을 때 반대편이라는 이야기이다. 뱃사공 말로는 이 근처에 바위 동굴이 많다고 한다. 한탄강의 지질구조가 특이해서다. 강바닥에는 1억 년 전의 화강암이 깔려 있고, 그 위에 30만 년 전 화산 폭발로 생긴 현무암이 덮여 있다. 단단한 화강암과 성질이 무른 현무암은 서로 암질이 다르고 따로 놀기 때문에 두 개의 암반층 사이에 자연 동굴이 많이 형성되어 있다. 고석정에서 약 100m 정도 배를 타고 더 내려가니 강의 바위 절벽 중간쯤에도 굴의 입구가 살짝 보인다. 여기도 입구는 기어들어 가야 할 만큼 작은데, 들어가면 수십 명이 피신할 수 있는 공간이라고 한다. 그 동굴 안에서 깨진 그릇 같은 게 발견되었다는 것으로 보아 난리 통에 사람들이 숨어 있었던 공간으로 추측된다. 이 동굴들은 현지인이 아니면 도저히 알아내기 힘든 위치에 있었다. 서너 시간 고석정 주변에서 머물다 보니 강한 에너지가 몸으로 들어왔다. 여행의 피로를 풀어주는 암기岩氣이다. 온통 화강암과 현무암의 협곡이니까 입체적으로 기가 들어왔다. 게다가 강물이 흐르고 있으니 음양이 알맞게 버무려져 있는 셈이다.

석무외가 "우두커니 앉아 있으려니 깊은 생각마저 끊어져 해가 지는 것도 알지 못하였다"고 찬탄한 고석정. 후고구려를 세운 궁예가 훗날 왕건에게 쫓겨 눈물로 탄식하며 강을 건넜다 하여 붙여진 한탄강을 내려다보는 고석정 인근에 천하의 도적 임꺽정이 숨어 있었다. 직접 가서 보고 나니, 아름다운 절경과 감쪽 같은 동굴 덕에 그나마 3년이라도 관군의 추적을 피해 버틸 수 있었다는 생각이 들었다. ▲

고석정 광장의 임꺽정 동상

산은 무심히 푸르고, 구름도 무심히 희구나.
그 가운데 앉은 한 사람, 또한 무심한 나그네라네.
_ 서산

동방의 절 중
제일가는 전망,
수종사에서 마음을 씻다

운길산 수종사

남한강과 북한강이 합쳐지는 지점인 두물머리. 두 줄기 강물이 각기 수많은 산모퉁이를 돌고, 암벽을 지나서 수백 리를 흘러오다가 마침내 이 두물머리에서 조우한다. 그 광경을 가장 잘 볼 수 있는 포인트가 수종사이다. 사적기事蹟記에 따르면, 부스럼을 앓던 세조가 오대산 상원사에서 문수보살을 만나 깨끗이 나은 뒤 한강을 따라 환궁하는 길에 날이 저물어 양수리에서 쉬어가게 되었다. 어디선가 종소리가 들려 신하로 하여금 알아보게 하니 운길산 천 년 고찰 터 굴속에서 떨어지는 물방울이 종소리를 내는 것이었다. 세조가 이곳에 절을 복원하게 하고 수종사水鐘寺라고 이름 붙였다고 한다.

시간이 이처럼 흘러가고,
근심 걱정도 이처럼 흘러가고,
모든 부귀영화도 이처럼 흘러가고,
피눈물 나는 고통도 이처럼 흘러가고,
우리 인생도 이처럼 흘러가고야 만다.
'모든 것은 흘러가고야 만다'는
철리哲理를 강물은 눈앞에서
풍경으로 실감 나게 보여준다.
흘러간다는 이치 앞에서 누가 감히
저항할 수 있단 말인가!

영지靈地란 어떤 곳인가. 근심과 분노 그리고 허무감을 달래주고 치유해주는 특별한 땅이다. 근심, 분노, 허무감을 달래주기가 그리 쉽던가. 쉽지 않다. 이런 감정은 말처럼 쉽게 해결되는 감정이 아니다. 상당한 노력을 해야만 하고 어떤 때는 죽기 살기로 노력을 해야 한다. 걱정과 불안을 극복하고 일상에서 평화로운 마음을 지닌다는 것은 정신적으로 한 경지에 도달해야만 가능하다.

영지에서는 강력한 땅의 기운이 올라온다. 이 땅의 에너지로 걱정과 불안을 극복하는 수가 있다. 지모신地母神의 은총을 입는 경우이다. 아니면 그 터에 보이지 않게 잠재하고 있는 신령계神靈界의 도움을 받아 터널을 빠져나오는 수가 있다. 사업이 부도나서 죽으려고 하다가 '죽기 전에 며칠이라도 신령한 법당에 들어가서 기도나 하고 나서 죽자' 이런 마음으로 기도하러 들어갔다가 천지신명의 도움을 받아 위기를 극복하는 사례를 여럿 보았다. 신령계의 도움은 그 사람의 꿈에 반드시 나타난다. 이런 신령계가 있다는 것을 아는 게 중요하다.

땅의 기운도 아니고 신령계의 도움에도 해당이 안 되는 상황이 있다. 그럴 때는 어떻게 해야 하는가. 풍광의 도움이 있다고 생각한다. 영지는 훌륭한 풍광을 품고 있는 곳이기도 하다. 장엄하고 아름다운 자연 풍광은 사람의 마음을 정화해주는 효과가 있다. 인법지人法地 즉 사람은 땅에서 배우고, 지법천地法天 즉 땅은 하늘로부터 배우고, 천법도天法道 즉 하늘은 도에서 배운다. 도법자연道法自然이다. 도는 자연으로부터 배운다. 도법자연이 핵심이다. 자연은 그만큼 위대한 존재이다. 말 없는 가르침을 우리에게 항상 주고 있다.

그렇다면 인간을 치유해주는 장엄한 자연 광경은 어떤 것이 있는가. 바로 강물을 보는 것이다. 이는 호수를 보는 것과도 다르다. 바다를 보는 것과도 다르다. 강물은 흘러간다. 물이 흘러가는 장면을 보는 것은 깊은 종교적 성찰을 제공한다. 시간이 이처럼 흘러가고, 근심 걱정도 이처럼 흘러가고, 모든 부귀영화도 이처럼 흘러가고, 피눈물 나는 고통도 이처럼 흘러가고, 우리 인생도 이처럼 흘러가고야 만다. '모든 것은 흘러가고야 만다'는 철리哲理를 강물은 눈앞에서 풍경으로 실감 나게 보여준다. 흘러간다는 이치 앞에서 누가 감히 저항할 수 있단 말인가! 그저 겸손하게 받아들이고, 그 철리 앞에서 엎드리는 수밖에 없다. 감히 여기다 대고 맞짱 뜨려고 덤비는 자에게는 처절한 보복과 고통이 있으리라. 그 만고의 진리 앞에서 겸허하게 엎드리는 자에게 축복이 있으리라! 대자연 앞에 겸허하게 엎드린다는 것은 그 얼마나 지혜로운 태도란 말인가.

죽기 전에 꼭 다시 보고 싶은 풍광

경기도 남양주시 조안면. 남한강과 북한강이 합쳐지는 지점인 두물머리. 그야말로 두 줄기의 강물이 합쳐지는 장관이 바로 눈앞에서 벌어지는 지점이니까 '머리'라고 해야 맞다. 두 줄기의 강물이 각기 수많은 산모퉁이를 돌고, 바위 암벽을 지나서 수백 리를 흘러오다가 마침내 이 두물머리에서 조우한다. 그 광경을 가장 잘 볼 수 있는 포인트가 수종사水鐘寺이다. 우리나라에서 커다란 두 개의 강물이 이처럼 서로 만나서 섞이는 풍광을 보여주는 곳은 여기밖에 없다.

수종사가 자리 잡은 운길산은 610m. 절은 해발 450m쯤에 자리 잡고 있다. 전망이 나오려면 어느 정도 높이가 있어야 한다. 이 정도 높이에서 보는 게 두 강물의 해후를 가장 잘 볼 수 있다. 전체를 볼 수 있을 때 풍광이 주

수종사 팔각오층석탑(보물 제1808호)

수종사 선불장 앞에서 내려다본 두물머리

불이문 不二門 내부 판벽에 그려진 사천왕도

는 감동이 더해진다. 부분만 보는 것과 전체를 다 보는 것은 차원이 다르다. 남한강과 북한강이 흘러와서 합쳐지는 전체 모습을 볼 때 대자연의 아름다움과 장엄함을 더 느끼게 되어 있다. 수종사 절 마당에서 두 강물을 보면 왠지 마음이 씻기는 것 같다. '내가 너무 세상사에 얽매여 있었구나. 그리 중하지도 않은 것에 너무 집착하고 있으니까 이런 근심이 오는구나. 내가 근심 걱정으로 가슴에 돌덩어리를 얹어 놓은 것 같아도 천지자연은 이처럼 아무 일 없이 돌아가고 있구나. 내가 비록 한 달 살다가 죽을지라도 오늘 이 절 앞에서 바라다보이는 풍광만큼은 즐기다 가야겠다'라는 생각을 한다.

예부터 수많은 선인들이 이 풍광을 즐기며 그림과 시를 남겼다. 서거정, 정약용, 겸재 정선, 초의 선사 등. 서거정은 "동방에서 제일의 전망을 가진 사찰"이라고 찬탄한 바 있다.

수종사 주지스님은 차실 보시를 하였다. 도시에서 먹고산다고 머리 빠개지는 삶을 살고 있는 도시 중생들이 이 절에 와서 한

가하게 차를 마실 수 있도록 차실을 만들어 놓았다. 두 강물이 잘 보이는 위치에 차실이 있다. 한쪽 벽면이 온전히 유리로 되어 있어서 바깥 풍광이 그대로 보인다. 차는 공짜이다. 절에서 방문객들에게 무료로 보시하는 것이다. 물론 공짜로 먹기가 미안하면 약간의 기부를 하면 된다. 마음 내키는 사람은 이 차실에 들어가면 절의 신도인 50대 초반의 여자 팽주가 녹차를 한 잔 내준다.

차실 한쪽 벽면에는 '自然放下(자연방하)'라고 쓰인 편액이 걸려 있다. 이 구절이 절묘하다. 남한강과 북한강 강물을 바라보노라면 저절로 걱정거리를 잊어버리게 된다는 뜻이기도 하다. 자연이 방하를 시킨다는 의미이기도 하다. 방하放下는 '놓아버린다'는 뜻이다. 주지스님 이야기로는 방하를 억지로 시킬 것이 아니라 자연스럽게 한다는 뜻으로 썼다고 한다. '자연自然'의 본래 의미는 '자연스럽게 그렇게 된다', '스스로 그렇다' 또는 자연과학에서 말하는 '대자연'을 의미하기도 한다.

수종사의 '자연방하' 다실은 우리나라 차계茶界의 성지이기도 하다. '남일지南一枝 북수종北水鐘'이다. 남쪽에는 해남 대흥사의 일지암一枝庵이 차의 성지이다. 북쪽에는 수종사가 있다. 한국 차의 양대 성지 중 하나가 바로 수종사이다. 성지가 된 이유는 초의 선사 때문이다. 초의 선사는 조선 차계의 장문인(掌門人, 문파의 우두머리)이다. 초의 선사가 이곳 수종사에 머무르면서 다선시茶禪詩 10여 수를 남긴 바 있다. 해남 대흥사에서 산길을 올라가면 일지암이 있다. 이 일지암에서 초의 선사는 40년을 지냈다. 초의 선사는 일지암에서 다산 정약용, 추사 김정희와 같은 당대의 석학들과 교유하였다. 조선조가 불교를 탄압하던 시대라서 승려의 신분이 낮았지만 다산과 추사와 같은 당대의 양반이자 일급 지성들과 속을 터놓고 인간관계를 맺었다는 것은 이채로운 일이다. 그러한 신분을 초월한 사귐의 매개체가 된 것이 바로 차였다.

寺下淸江江上烟　절 아래 맑은 강물에 물안개 자욱하고
峰巒如畵揷蒼天　그림 같은 산봉우리는 하늘을 찌를 듯 솟았네
有力雷公藏不得　천둥번개도 그 기세를 잃고
玄冥棲在殿中間　겨울의 신은 탑과 전각 사이에 고요히 숨으니
百花香動鷓鴣啼　백 가지 꽃향기 진동하고 자고새는 울며 날아가네

_ 선불장 주련에 적힌 초의 선사의 시

수종사 해탈문으로 오르는 길　　　　　　자연방하 다실

1458년 세조가 이 절을 세우면서 심었다는 수령 500년 은행나무.

초의 선사가 머문 차의 성지

차는 조선시대의 귀물로 취급받았다. 아무나 마실 수 없는 비싼 식품이었다. 한반도에서 대전 이북에서는 차가 생산되지 않는다. 서울에서는 당연히 차가 자라지 못한다. 남쪽 지방에서만 나온다. 그러나 전남 대흥사 일대에서는 이 차밭이 살아 있어서 여기에서 나오는 차가 다산과 추사의 입맛을 끌어당겼다. 차는 탈속의 맛이 있다. 이 탈속적 식품인 차가 주는 매력은 먹물들에게 특히 어필한다. 문자향 서권기(文字香 書卷氣, 문자의 향기와 서책의 기운)를 느끼는 인간들이 그 맛의 깊이를 이해했던 것이다.

아무튼 일지암에서 초의 선사와 다산 정약용이 인연을 맺었고, 이 인연은 다산이 강진의 유배생활을 끝내고 고향인 두물머리로 귀향했을 때에도 계속 이어진다. 다산은 초의 선사의 스승이기도 했다. 스승이 두물머리로 돌아가니 초의도 스승을 따라 이곳 남양주까지 왔던 것이다. 그러나 머리를 깎은 승려가 속가 마을에 머물 수는 없었고, 이곳 수종사에서 머물렀다. 수종사에서 다산이 살던 집까지는 20리(약 8km) 거리나 될까. 수종사에서 내려다보면 다산이 살았던 동네인 두물머리가 바라다보인다. 20리 정도면 그리 먼 거리가 아니다. 스승인 다산이 보고 싶으면 바로 가서 만날 수 있는 거리다. 아니면 다산도 가끔 제자인 초의 선사가 달여주는 차를 마시기 위해서 수종사에 올라왔을 터이다. 다산의 생몰연대가 1762~1836년이다. 유배가 풀려 두물머리에 돌아온 시기는 그의 인생 후반부이다. 74세에 죽었으니 다산은 50대 후반인 1818~1819년쯤 고향에 돌아왔다. 초의 선사의 생몰연대는 1786~1866년이니 다산을 뒤쫓아왔던 초의 선사의 수종사 시절 나이는 아마도 32~33세 무렵이 아니었을까 싶다. 스승의 문자향 서권기가 그리웠던 것이다. 수종사 시절에 썼던 초의 선사의 시가 있다.

한잠 자고 일어났는데 차 한잔 줄 사람 없을까, 게을리 경서 쥐고 눈곱 씻었네,

그대가 여기 있는 줄 알고 이곳 수종사까지 오지 않았나. 내가 항상 외로운 사람, 문 걸어 닫고 낙엽 소리에 묻혀 사네. 작은 골짜기 원통암은 멀지 않은 곳에 있는지라. 소나무 위에서 우는 까마귀 소리 들리는구나. 절 아래 맑은 강에는 안개 자욱하고 그림 같은 산봉우리는 하늘 높이 솟았네.

수종사에 전해지는 구전에 따르면, 초의 선사가 너무 수종사에 오래 머물러 있으면 다산을 따라가서 환속할 가능성이 높다고 본 초의의 은사스님이 이곳 수종사에 와서 초의를 해남으로 내려보냈다고 한다.

수종사의 또 하나 명물이 절 마당에서 나오는 약수이다. 이 약수가 차를 끓이기에 아주 적합하다고 전해진다. 찻물은 자기 성질이 강하면 안 맞는다. 물이 밋밋해야 찻물로 좋다. 자기 성질이 없어야만 차의 맛과 향 그리고 기운을 그대로 담아낼 수 있다. 자기주장이 강하면 피곤하다. 수종사 물은 자기주장이 없는 물이라는 이야기이다. 그래서 차인들 사이에서 수종사 물은 특급수로 평가받는다. 지금은 약수가 나오는 입구를 불상을 조각한 화강암 석재로 잘 덮어 놓았다. 수종사는 조선 차계의 중흥조인 초의 선사가 머무른 역사적인 터인 데다가 절에서 나오는 석간수가 찻물로는 일급이요, 자연방하 차실에서 바라보는 두물머리의 풍광은 조선 제일이다. 차와 풍광, 이만하면 차의 성지라고 꼽을 만하다.

남한강 물과 북한강 물은 합류하여서 팔당으로 흘러간다. 원래 팔당八堂은 8개의 당이 있었다는 뜻이다. 당이 무엇인가. 굿을 하는 당집을 가리킨다. 이 당집이 한두 개도 아니고 자그마치 8개나 자리 잡고 있었다는 것은 그만큼 이 강물이 영험하다는 의미 아니겠는가. 강물은 그냥 강물이 아니다. 강물이 지닌 종교적 의미를 알고 강물을 대하면 여기에서 마음의 번뇌를 씻고 자기를 정화하는 능력을 키울 수 있다. 수종사에 올라가서 두물머리 풍광을 보는 것도 공부요, 수행이요, 자기 치유이니 이곳 또한 영지임이 틀림없다. ▲

옛사람이 지금의 달을 볼 수는 없지만

지금의 달은 옛 사람을 비추었던 달이로다.

_《석시현문》

문두루비법의 전설,
전국 최대
무당 굿터

경주 문무대왕릉

대왕암이 보이는 해변가 솔밭 일대 약 100m에 걸쳐 있는 땅은 강력한 기운이 통과하고 있는 자장磁場이다. 100만 볼트 고압선이 땅 밑으로 통과하고 있는 셈이다. 경락이 열리고 기감氣感이 발달한 사람이 이 고압선 위에 서 있으면 기운이 쩌릿쩌릿하게 느껴진다고 한다. 외형적으로 볼 때는 평범한 모래사장이지만 기운을 감지하는 고승, 도사, 샤먼의 입장에서 보면 대단한 '배터리 충전터'인 것이다. 여기에 신라 문무왕의 수중릉이라는 역사적 사례도 뒷받침해 준다. 영지와 역사적 사건이 결부되면 잊지 못할 스토리가 형성된다.

경북 경주 감포 앞바다. 봉길리 해수욕장에서 바다 쪽으로 200m 앞에 문무왕의 뼈를 화장해서 뿌렸다는 대왕암이 있다. 대왕암을 주목하게 된 계기는 바로 무당들 때문이었다. 봉길리 일대의 모래사장 이곳저곳에서 무당들이 굿을 하는 장면이 많이 목격된다. 여기저기 모래사장에 텐트를 쳐 놓고 굿을 한다. 한두 명이 아니고 수십 명이 할 때도 있다. 특히 매년 음력 정초가 되면 이곳 대왕암이 바라다보이는 해변가는 무당들로 북적거린다. 동네 사람들은 이곳에서 굿을 하기 위해 찾아온 무속인들에게 숙박과 용품들을 대여해 주고 돈을 벌기도 한다.

우리나라 무속인들이 가장 많이 찾는 기도처가 이곳이다. 동해안 최대의 무속 성지이기도 하다. '왜 해변가 모래사장에서 대왕암을 바라보며 굿을 한단 말인가? 그 이유는 무엇인가? 바위 절벽도 아니고 그냥 평평한 모래사장에 어떤 영발이 있다고 수많은 무속인이 이곳으로 집결하는 것일까?' 하는 의문을 품지 않을 수 없었다.

문무왕이 죽기 전에 "내가 죽고 나면 동해의 용이 되어 외적들로부터 신라를 지키겠다"는 말을 유언으로 남겼다. 문무왕은 죽은 뒤에 정말로 용이 되었을까. 그 용의 기운과 접선하려고 여기에 모이는 것인가. 만약 그렇다면 이 현상은 역사와 신화, 그리고 영발이 만나는 현장이 아닐 수 없다.

지기는 바다 밑으로도 흐른다

오랫동안 품고 있었던 이 의문을 해결해준 분이 혜담 스님이다. 스님은 태어난 지 몇 달 만에 절에 맡겨진 뒤 죽 절에서 자랐다. 법랍으로 따지면 70년 가까이 된다. 70년 동안 승려 생활을 해왔으니 전국의 절과 암자, 기도 도량을 안 가본 데가 없다. 절에서 내려오는 고승들의 일화, 경전의 어떤 대목 등에 대해서도 소상하게 꿰고 있고, 요즘도 시간만 나면 전국의 기도성지를 다니면서 기도하는 게 일과이다. 도선 국사 환생이 아닌가 싶을 정도로 지리를 꿰뚫고 있다. 영지를 연구하는 내가 볼 때는 걸어 다니는 '영발사전'이라고 불러도 과언이 아니다.

혜담 스님과 충청도 천수만 바다의 간월도에 있는 간월암看月庵에 들렀다가 "지기가 바닷물 밑의 바위를 통과하여 섬으로까지 이어져 있다"는 이야기를 들었다. 보통 물이 가로막으면 산의 기운이 통과하지 못하는 것으로 알고 있지만, 어떤 경우에는 물을 통과할 수 있다는 이치였다. 바로 바다 밑으로 연결된 암반을 통해서 바다 건너의 돌산이나 섬으로 땅 기운이 이어지는 경우가 있다는 이야기였다.

"바다 건너서 기운이 연결된 경우를 우리나라에서 몇 군데 꼽을 수 있습니까?"

"대표적으로 두 군데입니다. 서해안에서는 바로 이 간월암이고, 동해안에서는 감포 앞바다의 대왕암이죠."

간월암도 바다 가운데 섬에 있는 암자이고, 경주 대왕암은 해변가로부터 200m나 떨어져 있다.

"그렇다면 대왕암까지 이어진 땅의 기운은 어디에서 시작된 것입니까? 어느 산에서 발원된 지기가 대왕암까지 연결되었다는 말입니까?"

"경주 토함산吐含山입니다. 대왕암에서 토함산까지 직선으로 대략 40~50리쯤 될까요? 토함산의 지기가 지하의 암반을 통해서 대왕암까지 뻗어 있다고 봐야죠."

스님 말씀대로 토함산의 지기가 대왕암까지 연결되어 있는 것이라면 무속인들이 이 해변가에 모이는 현상도 모두 이해가 된다. 신라 사람들이 가장 신성하게 여겼던 영산靈山이 토함산이다. 태양의 기운을 머금었다가 다시 토해내는 산이라 하여 '토함산'이다. 토함산의 석굴암과 대왕암은 한 세트로 볼 수도 있다. 알파요, 오메가이다. 신령스러운 산의 기운은 그 끝에 묘미가 있다. 호박이 가지 끝에 열리듯이 땅의 정기도 끝자락에 뭉친다.

'결국結局'이란 단어가 이 뜻이다. 끝자락에 뭉쳐서 국局, 즉 '에너지 장'을 형성하였다는 뜻이다.

혜담 스님의 말에 따르면, 대왕암이 보이는 해변가 솔밭 일대 약 100m에 걸쳐 있는 땅은 강력한 기운이 통과하고 있는 자장磁場이다. 100만 볼트 고압선이 땅 밑으로 통과하고 있는 셈이다. 경락이 열리고 기감氣感이 발달한 사람이 이 고압선 위에 서 있으면 기운이 쩌릿쩌릿하게 느껴진다고 한다. 접신이 된 무당이 이 기운을 모르겠는가. 외형적으로 볼 때는 평범한 모래사장이지만 기운을 감지하는 고승, 도사, 샤먼의 입장에서 보면 대단한 '배터리 충전터'인 것이다. 여기에 덧붙여 신라 문무왕의 수중릉이라는 역사적 사례도 뒷받침해준다. 영지와 역사적 사건이 결부되면 잊지 못할 스토리가 형성되기 마련이다.

이 대목에서 시간대를 확 넓혀서 통시적으로 대왕암을 조망할 필요가 있다. 대왕암은 문무왕 이전부터 영발이 뭉쳐 있는 바위로 알려져 있었을 것이다. 고대인들이 현대인보다 훨씬 더 기감이 발달해 있었다고 본다면, 민감한 센서를 지니고 있었던 고대의 샤먼이나 제사장들이 대왕암이 지니고 있는 자기장을 몰랐을 리가 없다. 그 영발의 비중을 충분히 알고 있었을 것이다. 신라 문무왕도 마찬가지다. 주변의 여러 참모들로부터 이야기를 들었을 것이다. 아마 신라 당대에도 대왕암 주변에서 기도를 드리는 사람들이 많았을 것이고, 이 바위 기도터가 바다에 있으니 용왕 기도터로 불렸을 가능성이 높다.

당나라군을 수장시킨 문두루비법의 전설

한국의 토착 3대 신앙은 칠성, 산신, 용왕이다. 하늘에서는 북두칠성을 경배하고, 산에서는 산신을 경배하고, 물에서는 용왕을 경배하였다. 바닷속에 있는 대왕암 같은 터는 용왕 신앙터로는 최적격의 조건을 갖추고 있다. 바다 전체를 조망하는 바위 언덕이니 말이다.

시베리아 바이칼호수의 알혼섬 바위 언덕도 용왕 기도터이다. 바이칼호수 전체를 통괄하는 입지 조건을 갖춘 터이다. 이와 마찬가지로 대왕암도 동해 바다를 통괄하는 바다의 신, 용왕이 거처할 수 있는 안성맞춤의 조건이다. 만약 대왕암이 육지로부터 10km 이상 떨어져 있었다면 아마도 용왕 신앙터로 이용하기에는 조건이 맞지 않았을지 모른다. 너무 멀기 때문이다. 해변에서 200m 떨어진, 눈으로 바로 보이는 거리이다. 용왕 기도터로는 최적이 아닐 수 없다.

문무왕 당시의 정치적 상황도 고려해야 한다. 경주는 한반도 중앙이 아니라 오른쪽 귀퉁이에 자리 잡고 있다. 동해에 거의 맞닿아 있다. 따라서 전쟁이 나면 동해 쪽에서 경주를 공격하는 방법이 외적으로서는 가장 효과적이다. 내륙의 방비보다는 동해를 통한 해군의 공격에 취약했다고 보인다. 실제로 당나라 해군이 신라를 공격하기 위해서 감포 앞바다 근처까지 접근하였다. 670~671년이었다. 《삼국유사》에는 신라의 명랑 법사明朗法師가 '문두루비법文豆婁秘法'이라는 밀교적 주술법을 사용하여 당나라 군대를 바다에서 수장시켰다는 기록이 있다. 문두루는 범어 '무드라mudra'에서 온 말로 '신의 도장(神印)'이란 뜻이다. 명랑 법사와 도력 높은 승려 열두 명이 함께 독송을 하자 바다에 큰 파도가 일어 당나라 배가 침몰했다는 기록이다. 백제, 고구려가 망한 뒤에 마지막 남은 신라를 제압하려고 출동한 최강국의 수군을 제압한 곳이 바로 이 감포 앞바다 일대이다.

만약 당나라 침공 시에 명랑 법사와 문두루비법이라는 초능력이 없었다면 신라는 당나라에 제압당했을지 모른다. 당나라 수군을 패퇴시킨 명랑과 문무왕은 이 전쟁을 같이 치렀다. 문무왕은 주술적 힘으로 당나라군이 격파되는 모습을 직접 보았다. 현재 감포 근처의 낭산 언덕에 있었다고 전해지는 사천왕사四天王寺 터는 명랑 법사의 문두루비법이 행해지던 현장이었다. 《삼국지》에 보면 사마중달과의 전쟁 중에 제갈공명이 자신의 수명을 연장하기 위해 단을 설치하고 28수宿(28개의 별자리)와 천지신명에게 비는 장면이

동해를 바라보는 높은 대지 위에서
하늘을 향해 높이 솟아오른 감은사 탑

감은사感恩寺, 절 이름은 문무왕의 은혜에 감동한다는 뜻으로,
옛날에는 감은사 절 앞에까지 바닷물이 들어오는 지형이었다.
용이 된 문무왕이 물을 타고 감은사까지 올 수 있었던 것일까.

감은사지

나온다. 명랑이 임시로 단을 설치하고 문두루비법을 실천했던 장면은 제갈공명의 장면보다 훨씬 사실감도 더하고 극적이고 비장하다. 낭산 언덕의 문두루비법이 행해지던 현장에 문무왕도 와 있었을 것이고, 감포 앞바다에서 수군을 침몰시키는 명랑 법사의 초능력을 눈으로 직접 목격하였을 것이다. 눈으로 보면 믿을 수밖에 없다. 그렇다면 종교적 초능력으로 외적을 막을 수 있겠구나 하는 생각을 하지 않았겠는가. '내가 죽어서 동해의 용이 되면 이 외적들의 침입을 막을 수 있겠다'는 믿음을 충분히 가질 만하다.

대왕암이라는 기존의 용왕 기도터에 최고권력자이자 전쟁영웅인 문무왕의 뼛가루를 뿌리자는 발상은 이렇게 나왔을 것으로 추측된다. 전쟁이라는 절박하고 실제적인 상황에서 수중릉이 탄생한 것이다. 신라 사람들은 문무왕이 죽어서 동해의 호국 용왕이 된 것으로 믿었다. 살아서는 왕이자 죽어서는 용왕이다. 무엇인가 줄이 맞지 않은가!

문무왕을 주인공으로 한 거대한 판타지

동해의 용왕이 된 문무왕을 추모하고 동시에 신라 사람들이 문무용왕의 종교적 힘을 받기 위한 장치들이 감포 주변에 있다. 우선 감은사感恩寺이다. 절 이름 자체가 문무왕의 은혜에 감동한다는 뜻이다. 옛날에는 감은사 절 앞에까지 바닷물이 들어오는 지형이었다고 한다. 바닷물이 들어온다는 것은 용왕이 물을 타고 감은사까지 올 수 있다는 의미이다. 대왕암에 있던 용왕이 감은사에 한 번씩 다녀갈 수 있는 구조이다. 이를 위해 감은사는 절을 건축할 때 밑바닥 기단부에 구멍을 내어 용이 드나들 수 있는 출입구를 만들었다. 용왕이 수시로 감은사에 행차한다고 믿었다. 아예 처음 절을 만들 때부터 이 용도로 만든 것이다. 감은사에서 불공을 드리면 용왕에게 감사함을 표시하는 것이고, 용왕은 후손들에게 은혜를 내린다.

용왕을 위한 또 하나의 장치는 이견대利見臺이다. 《주역》의 제일 첫 번째 괘인 건괘는 온통 용으로 이치를 설명한다. 잠룡, 현룡, 비룡 등의 개념이다. 여기에서 '비룡재천飛龍在天 이견대인利見大人'이 나온다. '용이 하늘로 날아오르니, 대인(지혜로운 사람)을 만나야 이롭다'는 뜻이다. 문무왕의 아들인 신문왕이 아버지 용을 보았다고 하는 전설이 전해시는 지점에 이견대를 세웠다. 용왕이 거처하는 대왕암을 바라다보는 장소가 이견대이다. '용왕(대인)을 보면 이롭다'는 뜻이므로, 이 이름도 매우 현실적인 맥락의 작명이다. 전설의 피리, 만파식적萬波息笛도 용왕이 된 문무왕이 한 섬에 보낸 대나무로 만들었다는 기록이 있다. 불기만 하면, 바다의 모든 파도를 잠재우고, 백성의 모든 걱정과 근심을 없애준다는 피리가 아닌가. 세계 어디에도 이런 신비로운 피리는 없다.

이처럼 대왕암 주변에는 감은사, 사천왕사, 이견대, 만파식적 등 사찰과 구조물 등에 얽힌 설화가 전해진다. 용왕 문무왕을 주연배우로 한 하나의 거대한 판타지 세트장이 설치된 것과 같다. 우리 조상들은 어떻게 이처럼 기가 막힌 생각을 했을까. 그저 감탄스럽다. 이 모든 판타지의 시작이 바로 토함산에서 내려와 바닷속 대왕암으로 이어진 영발靈發이다. 그 영발의 신화가 1,300년이라는 세월이 흐르면서 희미해졌지만, 감포 해변가에서 굿을 하는 무당들을 통하여 아직도 그 생생한 의미가 계승되고 있다. ▲

누구나 한 가지
소원을 들어주는
부처님

팔공산 갓바위(관봉 석조여래좌상)

팔공산은 중국 화산과 태산에 못지 않은 산이다. 팔공산 정상은 1,193m다. 그리 낮은 산도 아니다. 산 전체가 거의 암반으로 노출돼 있다. 영발가의 입장에서 본다면 팔공산 전체는 고단백질에 해당한다. 팔공산에 간다는 건 사흘 굶은 사람이 안심 스테이크를 원 없이 먹는 격이라고나 할까. 엄청난 축복인 것이다. 대구 일대의 사람들이 그동안 이 산의 기운을 받고 산 셈이다. 산 전체가 강력한 영발을 발사하고 있다. 거대한 발전소라고 표현해야 할까. 아니면 인간에게 메시지와 에너지를 주는 거대한 안테나라고 설명해야 할까.

팔공산 주 능선의 바위 맥을 하나의 거대한
용에 비유한다면 그 거대한 바위 용이
꿈틀거리면서 내려와 갓바위 자리에서
입을 쩍 벌리고 있는 형상이다.

갓바위 부처님

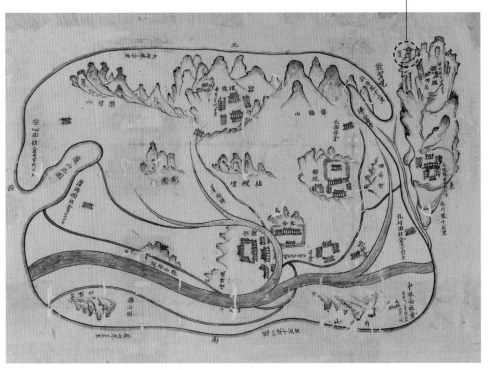

하양현지도, 서울대학교 규장각 한국학연구원

광주에 무등산無等山이 있다면 대구에는 팔공산八公山이 있다. 두 산 모두 1,000m가 넘는 고산이다. 인구 백 만이 넘어가는 대도시의 복판에 이러한 고산이 자리 잡고 있는 경우는 세계 대도시 역사에서 흔하지 않다. 1,000m급의 정기 강한 영산靈山이 서 있다는 것은 그만큼 이 두 도시의 자존심과 주장이 강하다는 의미를 지닌다.

팔공산은 신라시대에는 부악父岳, 중악中岳, 공산公山이라 부르다가 훗날 태조 왕건을 위해 신숭겸, 김락 등 여덟 명의 장군이 이곳에서 목숨을 바쳤다고 하여 팔공산이라고 하였다는 설이 있다. 고대부터 조선에 이르기까지 나라의 제사를 치르던 신성한 공간으로 수많은 고찰이 흩어져 있는 불교 성지이기도 하다.

나는 호남에서 태어나 자랐기 때문에 그동안 팔공산을 건성으로 알았다. 그러다가 2018년 봄에 3박 4일간 어느 도인의 안내를 받아 팔공산의 기도처들을 자세하게 살펴볼 기회가 있었다. 동화사桐華寺 법당 터도 봉황 머리 위에 자리 잡고 있었다. 어떻게 옛날 어른들은 이처럼 절묘한 자리를 귀신같이 알고 잡을 수 있었을까. 법당 계단 입구의 봉황 부리처럼 튀어나온 바위를 어루만져 보면서 선인들의 터 잡는 안목에 그저 고개가 숙여질 뿐이었다. 원효가 도를 통했다는 오도암悟道菴 뒤에 높게 솟은 바위 절벽인 청운대靑雲臺를 올려다보니까 '속세에 너무 오래 있지 말고 빨리 산으로 돌아오라'는 메시지가 울려 왔다. 1,193m의 바위산인 팔공산은 산 전체에 영기가 가득한 기도발의 산이었다.

여기에서 한 가지 짚고 넘어갈 부분이 있다. 우리나라 불교 사찰이 들어선 자리의 상당수는 원래 토속신앙의 성지였다는 사실이다. 불교 이전부터 그 동네나 지역 사람들이 거기에 가서 공을 들이고 기도를 하고 빌던 자리였다. 기도발이 받고 종교적 영험이 있는 자리는 정해져 있다. 종교 성지는 이곳저곳 옮겨 다니는 자리가 아니다. 자꾸만 새로 개발되는 것이 아니라는 말이다. 영험한 자리는 계속 정해져 있었다. 아마도 2~3만 년 전 원시 시대부터 영험한 자리는 소문이 나 있었을 것이다. 이 자리를 불교가 들어오면서 대체

하였다고 보는 것이 맞다. 갓바위 돌부처가 있는 자리는 불교 이전부터 이 지역 사람들이 가서 빌던 곳이다. 가뭄이 들었을 때 기우제를 지내던 곳이기도 하다. 동네 사람들이 가서 빌면 신기하게도 바라던 일이 이루어지니까 시간이 지날수록 입소문이 더해졌다고 보여진다. 내가 보기에 갓바위 자리는 용의 입에 해당하는 자리이다. 팔공산 주 능선의 바위 맥을 하나의 거대한 용에 비유한다면 그 거대한 바위 용이 꿈틀거리면서 내려와 갓바위 자리에서 입을 쩍 벌리고 있는 형상이다. 그 용의 입에 해당하는 자리에 불교가 들어오면서 돌부처를 세운 셈이다.

인간에게 메시지와 에너지를 주는 거대한 안테나

팔공산 갓바위(팔공산 관봉 석조여래좌상)는 한국에서 영험한 기도처로 소문나 있다. 왜 이 갓바위가 영험한 것인가? 우선 대부분의 기도처는 바위산에 있다. 바위에서 기가 나오기 때문이다. 바위 속에 함유돼 있는 광물질이 지자기地磁氣를 뿜어낸다. 인체 내 혈액 속에 광물질이 들어 있는데, 혈액 속 광물질이 지자기를 흡수하는 것이다. 그래서 바위산을 등산하면 지자기가 몸으로 흡수되어 상쾌한 기분이 든다.

영험한 기도처는 바위가 많다. 이 바위의 질도 중요하다. 단단한 암석일수록 비례해서 기운이 강하다고 본다. 예를 들면 화강암이나 차돌 같은 것이다. 맥반석도 아주 단단한 돌이라서 기운이 강하게 들어온다. 석회암 같은 돌은 약한 돌이다. 모래가 뭉쳐서 굳어진 사암沙岩도 강하지 않다. 서양도 마찬가지다. 그리스의 델피 신전은 파르나소스산(2,457m)의 약 700m쯤 온통 바위 절벽투성이인 곳에 자리하고 있다. 유명한 수도원들은 대부분 바위산에 있다. 그리스 정교의 메테오라 수도원은 수백 미터 솟은 바위 봉우리 꼭대기에 자리 잡고 있다.

"불상을 모신 뒤 1천여 년이 지나 사찰의 모습은 여러 차례 변했지만, 석상石像은 의연하게 단아한 자비로운 용모를 간직하여, 보는 이로 하여금 고금의 차이를 느끼지 못하게 하였다. 이 불상을 보고 감흥이 일어나 기도와 축원을 올리면서 감응을 얻은 사람이 많으니 스님만이 아니라 어리석은 남녀들도 깊은 신심을 일으켰다. 이것은 의현義玄 화상의 공功이고 불일佛日이 멀리 비추어준 덕德이라 할 것이다."

__1821년 범해 스님이 작성한 〈선본사 사적기〉 중에서

중국의 오악(五嶽 : 중국의 5대 명산, 즉 동악東嶽 태산泰山, 남악南嶽 형산衡山, 서악西嶽 화산華山, 북악北嶽 항산恒山, 중악中嶽 숭산嵩山의 총칭)을 답사해 보니 북악인 항산은 바위가 약했다. 푸석돌로 돼 있었다. 이렇게 되면 기운이 그리 강하지 않다. 서악인 화산과 동악인 태산의 돌들이 아주 단단한 암질이었다. 무협지의 단골 무대인 화산은 2,000m가 넘는 화강암 산이다. 북한산 인수봉의 두세 배 되는 높이에 온통 바위 절벽이다.

대구 팔공산의 돌들도 아주 단단한 화강암이다. 중국 화산과 태산에 못지 않은 산이다. 팔공산 정상은 1,193m다. 그리 낮은 산도 아니다. 산 전체가 거의 암반으로 노출돼 있다. 영발가靈發家의 입장에서 본다면 팔공산 전체는 고단백질에 해당한다. 팔공산에 간다는 건 사흘 굶은 사람이 안심 스테이크를 원 없이 먹는 격이라고나 할까. 엄청난 축복인 것이다. 대구 일대의 사람들이 그동안 이 산의 기운을 받고 산 셈이다. 산 전체가 강력한 영발을 발사하고 있다. 거대한 발전소라고 표현해야 할까. 아니면 인간에게 메시지와 에너지를 주는 거대한 안테나라고 설명해야 할까.

누구나 한 가지 소원을 들어주는 부처님

팔공산은 문어발처럼 여러 가닥으로 그 맥이 꾸불꾸불 내려가고 있는데, 동남쪽 자락으로 꾸불꾸불 내려온 봉우리가 바로 관봉冠峰이다. 갓바위다. 산의 기운은 끄트머리 봉우리에 맺혀 있는 법이다. '천리행룡千里行龍 일석지지一席之地'라고 하였다. 용맥이 천리를 가다가 그 끄트머리에 좋은 명당 자리 하나 만들어 놓는다는 뜻이다. 팔공산 동남쪽으로 흘러내려 온 갓바위는 바로 그런 자리다. 해발도 약 850m다. 850m 정상에 바위가 돌출되어 있고, 이 돌출된 자연 바위에 돌부처를 조성해 놓았다. 돌부처의 모습도 특이하다. 머리에 갓을 쓴 형태다.

신라는 국가의 제사祭祀 대상으로 다섯 개의 산을 정했는데 이른바 '신라오악新羅五嶽'이다. 동악은 토함산, 서악은 계룡산, 남악은 지리산, 북악은 태백산, 그리고 중악은 팔공산이다. 만약 신라가 통일 후에 수도를 경주에서 대구로 옮겼더라면 팔공산의 갓바위가 신앙적 중심지가 됐을 것으로 추측된다. 갓바위 돌부처의 조성 연대는 통일신라시대로 추정한다.

갓바위는 그 전부터 영험했지만 전국적으로 소문이 나게 된 계기는 1970년대 중반부터가 아닐까 여겨진다. 산업화가 본격적으로 시작되면서 대구를 비롯해 부울경(부산·울산·경남) 일대의 불교신도들은 갓바위에 올라와서 만사형통하게 해달라고 기도했다. 이상하게도 기도를 하면 응답이 많았다. 사업 성취, 직장 승진, 고시 합격, 치병治病, 인간관계 회복 등등, 영험담이 수도 없이 많다. 영험은 경험해 봐야 아는 영역이다. 이론이 아니다. 영험은 입소문을 타고 전국으로 퍼졌다. 1990년대부터는 전국에서 기도를 하러 사람들이 모여들었다. 심지어 전라도에서까지 버스를 대절해 한 달에 한 번씩 정기적으로 갓바위 기도를 다니는 모임도 있다. 불교신도가 아닌 사람들도 소문 듣고 갓바위를 오른다. 한국 사람들은 산에 가서 비는 습관이 유전자에 박혀 있지 않나 싶다. 그러다 보니 갓바위는 24시간 개방되어 있다.

경북 경산 쪽에서 밤에 차를 타고 가다가 산꼭대기 갓바위를 멀리서 보면 둥그렇게 불이 켜져 있다. 계단 양옆의 등불이 켜져 있어서 그렇다. 850m 높이의 갓바위는 그 자체로 하나의 거대한 자연 피라미드이자 제단祭壇이다. 갓바위로 향하는 돌계단을 한 걸음씩 옮길 때마다 마치 피라미드 정상에 차근차근 올라가는 듯한 느낌을 받는다. 그냥 두어 시간 올라갔다 내려오기만 해도 그 중간 과정에서 팔공산의 영기에 노출될 수밖에 없다. 자기도 모르게 정화가 되는 것이다. 다른 산도 그렇지만 팔공산은 기도발의 산이다. ⛰

어찌할까?

어찌할까?

깊이 생각하지 않는 사람은

나도 어찌할 수가 없다.

___ 공자

난리가 나면
어디로 가서 목숨을
부지할 것인가

한국의 십승지

영조 26년, 1750년에 전국적으로 전염병이 창궐했다. 1월부터 7월까지 사망자가 20만 명이 넘는 것으로 추산된다. 당시 조선의 인구는 700만 명. 상당한 비율의 사망률이다. 이런 상황에서 살기 위해서는 사람이 접근하기 어려운, 그리고 사람 눈에 띄지 않는 심심산골로 들어갈 수밖에 없다. 그런 곳이 십승지에 해당한다. 조선 팔도를 다 뒤져 그 가운데 가장 숨기 좋은 지점을 열 군데로 추린 셈이다. 그러니까 이 십승지는 하루아침에 형성된 게 아니고 적어도 오백 년 이상 목숨 보존처를 찾아 헤매던 낭인들과 떠돌이 민초들, 그리고 깊은 수도처를 구하던 승려와 도사들의 현장경험이 축적된 결과물이다. (사진은 십승지 중 하나인 '남원 운봉' 입구)

우리나라는 고려시대 이래로 국가가 백성을 제대로 보호해 준 적이 없다. 삼국시대는 어떤지 모르겠는데, 고려시대 이래로 각종 난리가 났을 때 백성들은 각자가 알아서 살길을 도모해야만 했다. 임진왜란 때도 임금은 백성을 팽개치고 평양·의주로 도망갔다. 마지막에는 압록강을 건너 명나라로 피신하려고 했다. 죽어나는 것은 민초들이었다. 한국전쟁 때도 서울 사람들이 피난조차 가지 못하게 한강다리를 끊어버렸다. 그러고도 집권층은 라디오를 통해 '국민들 안심하라'는 거짓 방송을 내보냈다. 국제통화기금(IMF) 외환위기 때도 그랬다. '괜찮다. 문제없다'고 했지만 결국 파탄 났다.

임진왜란과 병자호란을 치른 후에 각자도생의 경험이 축적돼 나타난 비결서秘訣書가 바로 《정감록鄭鑑錄》류 '풍수도참서'다. 풍수도참을 내용으로 하는 비결서의 하이라이트가 십승지十勝地 개념이다. '10군데의 아주 좋은 피난 터'라는 뜻이다. 난리가 났을 때 우선 숨어 있을 수 있고, 숨어 있으면서도 기본적으로 먹고살 수 있는 논밭이 좀 있어야 한다는 조건을 갖춘 곳이다. 십승지는 대개 오지에 해당한다. 산골짜기 깊숙한 곳이면서도 외부인이 쉽게 접근하거나 알아볼 수 없는 지역이라는 공통점이 있다.

이러한 십승지는 조선 중기에 갑자기 만들어진 것이 아니고, 그 이전부터 축적돼왔던 '임상경험'을 정리한 것이라고 보여진다. 고려와 조선의 민초들이 난리 통에 살길을 찾아 전국을 헤맨 끝에 도달한 결론이 아닐까. 혹은 전국 이산 저산과 골짜기를 돌아다닌 유랑 지식인 또는 도사들의 노하우가 구전으로 전승돼오다가 《정감록》 같은 비결서로 정리된 것이라는 생각이 든다.

십승지의 일승지

십승지의 제일 첫번째로 꼽히던 곳이 경북 풍기의 금계포란鷄抱卵이다. 풍기는 소백산 자락에 위치해 있다. 조금 넓게 말한다면 양백지간兩白之間에 자리 잡고 있다고 봐야 한다. 태백산과 소백산 사이에 있다는 말이다. 예부터 한반도의 양백지간은 난리 통에 가장 안전하게 숨어 살 수 있는 승지勝地로 꼽혀왔다. 조선시대 도사로 이름났던 남사고(南師古, 1509~1571년)는 이 양백지간을 가리켜 '가활만인지지可活萬人之地'라고 평가한 바 있다. '만인을 살리는 터'라는 것이다. 태백산 줄기는 동해로부터 혹시 왜구가 공격해오는 루트를 막아주고, 소백산은 북쪽에서 내려오는 적군의 침입을 막아주는 지형이다. 그러면서도 소백산은 육산肉山이다. 소백산의 단양 쪽은 바위 암벽으로 돼 있어서 식물과 약초가 자라기 어려운 지형이라면 풍기 쪽은 흙으로 덮여 있는 육산이다. 먹을 것이 자랄 수 있는 토양이라는 말이다. 그야말로 풍요(豊)로운 터(基)이다. 더군다나 풍기 쪽에서 보면 소백산이 서북방을 가로막아주고 있다. 겨울에 서북쪽에서 살풍이 분다. 이 방향을 막아주면 겨울에도 좀 따뜻하지 않겠는가. 터를 볼 때도 서북쪽이 터져 있거나 약하면 외부 도적이 그 터의 재물을 뺏어간다고 보는데, 풍기는 1,000m가 넘는 소백산이 아주 튼실하게 서북방을 방비해주고 있는 셈이다.

풍기에 있다는 금계포란의 명당을 믿고 이북 사람들이 이쪽으로 많이 이주해왔다. 이북은 북쪽으로부터 몽고·거란·여진족의 침입을 쉽게 받을 수 있는 위치이므로 이북 사람들은 난리 났을 때 피난지에 대해 이남 사람보다 더 민감했다. 그래서《정감록》을 이남 사람들보다 더 좋아했다. 황해도 평안도 사람들 중에는 각종 비결서와《정감록》신봉자들이 많았다. 이들 이북 사람들은 조선조 말기인 1890년대에 민심이 흉흉하고 동학이 일어나니까 집 팔고 논 팔아서 풍기로 이주했다. 요즘 개념으로 보면 거의 이민 수준이었다. '약속의 땅 가나안'이 바로 금닭이 알을 품고 있는 풍기였던 것이다. 이들이 풍기로 이주해올 때는 집집마다《정감록》과《격암유록格菴遺錄》《남사고비결南師古秘訣》을 비롯한 수십 종류의 비결서들을 지니고 왔다. 이들을 후대 사람들은 '비결파'라고 부른다.

경북 풍기.
한반도의 양백지간은 난리 통에 가장 안전하게
숨어 살 수 있는 승지勝地로 꼽혀왔다.
조선시대 도사로 이름났던 남사고는 이 양백지간을 가리켜
'만인을 살리는 터'라고 했다. 태백산 줄기는 동해로부터 혹시
왜구가 공격해오는 루트를 막아주고, 소백산은 북쪽에서
내려오는 적군의 침입을 막아주는 지형이다.

두 번째 이주는 1930년대 무렵이었다. 세 번째 이주는 해방 이후에서 한국전쟁 무렵이었다. 비결파가 이남으로 내려올 때 가지고 왔던 것은 비결서뿐만 아니라 먹고살 수 있는 생활수단이었다. 그게 직물과 인삼이었다. 낯선 객지에 가서 무엇을 해서 먹고산단 말인가. 풍기의 인견과 인삼은 이북 사람들이 개척한 생계수단이었다. 풍기에 왔던 일부 인사들은 다시 남서쪽으로 더 내려갔다. 충청도 유구(維鳩, 현 공주시 유구읍) 쪽이다. 유구도 산세가 빽빽해서 마치 양의 내장같이 구불구불 깊숙한 느낌을 주는 곳이다. 유구에서 마곡사까지의 구간을 '유마지간維麻之間'이라고 하는데, 여기에도 이북 비결파 사람들이 많이 내려왔다. 거기서 그들은 직물업을 시작했다.

10·26사태의 총격전 상황에서도 살아남은 박정희 대통령 비서실장 김계원(金桂元, 1923~2016년)이 양백지간으로 내려왔던 이북 비결파의 후손이다. 명당을 써서 당시에 살아남지 않았을까?

전염병을 피해 가장 안전한 곳은 어디인가

코로나19가 전 세계를 휩쓸고 있는 지금 가장 안전한 곳은 어디인가. 연일 모임을 자제하고 일 없이 바깥으로 돌아다니지 말 것을 당부하는 문자가 날아온다. 현대 도시인들에게 가장 안전한 곳은 집밖에 없는 것인가.

조선의 도사들은 삼재불입지지三災不入之地를 찾아 전국의 심산유곡을 헤맸다. 삼재三災가 들어오지 못해 목숨을 부지할 수 있는 열 군데가 또한 십승지다. 여기에서 말하는 삼재는 전쟁·기근·역병이다. 십승지로 숨어들어 가면 전쟁이 나도 목숨을 부지할 수 있고, 사람이 굶어 죽는 대흉년에도 살 수 있으며 전염병이 창궐해 길거리에 사람이 죽어나가는 데도 목숨을 건질 수 있다고 본 것이다.

봉화 춘양면 자락에 있는 축서사, 석등으로 내려다보이는 소백산 자락

《조선왕조실록》을 훑어보면 영조 26년, 1750년에 전국적으로 전염병이 창궐했다. 1월부터 사망자가 나오기 시작해 3월 무렵엔 사망자가 10만 명에 육박했다. 7월까지 전국에서 죽은 숫자를 대략 계산해 보면 20만 명이 넘는 것으로 추산된다. 영조 임금 당시 조선의 인구는 700만 명 정도였다. 이중에서 20만 명이 죽었다고 추산하면 사망률은 상당한 비율이 아닐 수 없다. 이런 상황에서 살기 위해서는 사람이 접근하기 어려운, 그리고 사람 눈에 띄지 않는 심심산골로 들어갈 수밖에 없다. 그런 곳이 십승지에 해당한다.

조선 팔도를 다 뒤져 그 가운데 가장 숨기 좋은 지점을 열 군데로 추린 셈이다. 그러니까 이 십승지는 하루아침에 형성된 게 아니고 적어도 오백 년 이상 목숨 보존처를 찾아 헤매던 낭인들과 떠돌이 민초들, 그리고 깊은 수도처를 구하던 승려와 도사들의 현장경험이 축적된 결과물이라고 본다.

그렇다면 십승지는 어디인가? 경북 영주 풍기의 금계촌金鷄村을 비롯한 봉화의 춘양면, 안동의 화곡(華谷, 현재 봉화읍), 경남 합천 가야산의 만수동萬壽洞, 강원 영월의 정동正東쪽, 충북 보은 속리산 아래의 증항 근처, 단양의 영춘, 충남 공주의 유구와 마곡, 전북 부안의 호암壺岩, 남원 운봉 지리산 아래의 동점촌銅店村, 무주의 무풍茂豊 북동쪽 덕유산 근처 등이다. 만수동, 그 이름처럼 만 살까지 살 수 있는 곳이 십승지다. 십승지는 국가조사기관에 의해 공식적으로 지정된 곳이 아닌 《정감록》, 《남사고비결》 등 각종 민간 비결서에서 주장하는 곳들로 비결서마다 약간씩 들쑥날쑥하다.

지리산 일대에 산재한 청학동 서너 군데도 십승지의 연장선상이다. 오히려 십승지보다도 훨씬 일찍부터 난세에 몸을 보전하고 신선도를 닦을 수 있는 명당으로 여겨졌던 곳이다. 한문 서당이 있는 청학동, 하동 쌍계사 뒷길로 30분 정도 올라가면 있는 불일평전佛日平田, 해발 700m의 고운동孤雲洞, 칠불사 위에 있는 허북대許北臺 같은 곳도 청학동 범주에 속한다.

토종 십승지가 그립다

십승지의 특징을 다시 꼽아본다면 사람이 접근하기 어려운 오지라는 점, 외부에서는 눈에 잘 띄지 않는다는 점이다. 또 자그맣지만 최소한으로 먹고살 수 있는 전답이 있다는 점이다. 숨어 살더라도 먹고는 살아야 하기에 식량을 자급자족할 수 있는 환경이어야 한다. 그러려면 밭뙈기 몇 마지기라도 있어야 한다. 십승지는 대개 이런 조건이다. 이는 한반도의 7할이 산이라는 지형조건 때문에 가능하다. 그리고 이 산들은 해발 1,000m 내외라 동식물이 살 수 있고, 계곡물이 흐르며 숲이 우거져 있다. 물이 없고 동식물이 없는 산에는 사람이 숨어 살 수 없다.

유럽의 그리스나 터키, 중동에 가보면 산은 있지만 사람이 살 수 없는 황무지로, 물도 거의 없고 나무도 없다. 여름에 비가 오지 않는 척박한 황무지 산세를 가진 곳에서는 십승지가 만들어질 수 없다. 산으로 들어가면 목숨을 부지할 수 없는 환경이 펼쳐진다. 터키에는 '데린쿠유Derinkuyu'라고 해서 땅을 파내 만든 지하 10층 규모의 지하도시가 있다. '데린쿠유'는 깊은 우물이란 뜻이다. 돌이 물렁물렁한 석회암으로 돼 있어 땅굴 파기가 쉬운 지역이라 박해받던 초기 기독교인들의 십승지가 됐다. 1만 명 이상이 거주할 수 있는 공간으로 난리가 나면 산으로 도망갈 수 없으니 땅속으로 굴을 파고 숨은 것이다. 이곳은 수천 개의 방이 거미줄처럼 연결되어 있었다. 학교, 교회, 마구간까지 갖춰져 어느 정도 자급자족이 가능하였지만, 지하 공간이 주는 정신적인 피로 또한 상당했을 것이다.

자본주의 사회에선 사람이 모인 곳일수록 돈 벌기 좋지만, 전염병이 창궐하면 사람 없는 곳이 좋다. 독재정권 시절에는 미국의 LA나 뉴욕이 한국인에게 십승지였다면, 미세먼지와 너무 치열한 생존경쟁에 지친 2000년대에는 자연환경이 좋은 호주나 뉴질랜드를 십승지로 여긴다. 토종 십승지가 그립다. ⛰

나는 하늘과 땅을 관으로 삼고,

해와 달을 옥구슬, 별들을 주렴으로 하여,

만물의 호송 속에 떠나갈 것이다.

장례 준비가 다 되었는데 뭘 더 보태겠는가.

___ 장자

3장

구원의 땅

그곳에 가면 길이 보인다

정화와 보은의
소금이 흐르는 땅

선운사에는 자염의 제조에 관한 이야기가 전해지고 있다. 선운사 바위 절벽에 새겨진 마애불은 검단 선사의 모습을 새긴 것으로 추측된다. 선운사는 이 검단 선사가 창건했다고 하는데, 선운사 터는 원래 도둑들이 살던 도둑 소굴이었다. 검단 선사가 도둑들에게 소금 굽는 법을 알려주고 이들을 산 너머 서해안의 마을로 이주하도록 했다는 것이다. 도둑들에게 아주 고급기술의 생계수단을 전수해주고 절터를 확보한 셈이다. '오묘한 지혜의 경계인 구름[雲]에 머무르면서 갈고 닦아 선정[禪]의 경지를 얻는다'하여 절 이름을 '선운禪雲'이라 지었다고 한다.

신라의 진흥왕이 왕위를 버리고 내려와 도를 닦았다는 진흥굴. 선운사에서 도솔암으로 가는 길에 있다.

지금은 소금이 흔해져 귀한 줄 모르게 됐다. 그러나 고대사회에서 소금은 아주 귀한 식품이었다. 명칭에 '금'자가 들어가는 것은 '황금' '소금' '현금' '지금'이 있는데, 소금은 이러한 4개의 '금' 반열에 들어간다. 소금은 고대에 그만큼 만들기가 어려웠기 때문이다.

봉급을 뜻하는 영어 샐러리Salary의 어원이 소금Salt에서 유래했다는 것은 알려진 사실이다. 고대 서양에서도 소금은 그만큼 중요했던 것이다. 고대에 소금은 육지의 염산鹽山에서 채취하거나 아니면 바닷가 염전에서 만들었다. 당시 바닷가 염전에서 소금을 만들려면 고난도의 기술이 필요했고, 염전이 형성될 만한 자연조건도 갖춰야 했다. 그래서 육지 소금이 나오는 염산에서 채취하는 게 더 쉬웠다고 보여진다.

지금도 티베트에서 나오는 소금이 유명하다. 티베트의 바위산에서 캐는 소금을 암염巖鹽이라고도 부른다. 일본 오키나와도 소금이 특산품으로 유명한데, 기념품 가게에 들어가 보니 오키나와 염전에서 나오는 하얀색 소금도 있었지만 분홍색을 띤 티베트의 암염도 같이 팔고 있었다.

티베트 사람들은 이 암염을 섭취한 덕분에 뼈가 매우 단단하다고 한다. 그래서 죽은 남자와 여자의 해골을 이용해 조그만 장구 같은 악기를 만든다. 왼쪽은 남자 해골, 오른쪽은 여자 해골을 붙여 만든다. 사람이 죽어서 천도재를 지낼 때는 남녀 해골로 만든 이 '장구'를 치면서 망자의 혼을 위로한다. 해골로 장구를 만들려면 해골뼈가 단단해야만 강도를 유지하는데, 티베트의 바위산에서 나오는 암염이 그런 강도를 유지하게 해준다는 것이 티베트 사람들의 이야기다.

고대 한반도엔 소금이 귀했고, 이 소금은 뻘밭이 형성돼 있는 서해안 일대에서 주로 생산되지 않았나 싶다. 한반도에 염산은 없기 때문이다. 동해안은 뻘밭이 없고, 남해안은 뻘밭이 있더라도 조금 있는 편이고, 서해안이 조수간만의 차로 뻘밭이 많다. 소금은 뻘밭과 관련이 있다. 전라도 말로 '개땅쇠'가 있는데, 개땅은 '갯벌땅'을 가리킨다. 갯벌에서 일하는 노동자를 개땅쇠라 불렀다. 말하자면 고대 백제권에 소금밭이 있지 않았나 추정된다. 조선시대 소금장수들도 출신지역을 보면 자연히 이 지역 사람들이 많았을 것이다.

경남 통영에 가보니 조선시대 소금장수를 하던 전라도 청년과 이쪽 처녀가 결혼하면 잘 산다는 구전도 들을 수 있었다. 전라도 쪽에서 소금을 가지고 경남 해안가로 팔러왔던 모양이다.

생선 염장을 하려면 소금이 필수적이다. 일제강점기 때까지만 하더라도 충남 당진·홍성의 염전에서 만들어진 소금은 충북 제천을 거쳐 동해안을 통해 외국으로 수출되기도 했다. 제천이 서해안 소금이 동해안으로 넘어가는 요충지였다.

도적에게 소금 굽는 법을 알려준 진감 선사

현재 염전에서 바닷물을 햇볕에 말려 만드는 소금은 천일염이다. 천일염은 조선시대에는 없었던 제조방식으로 만든 것이다. 일본 사람들이 들어오면서 일제강점기 때부터 알려진 방법이다. 그 전에는 달랐다. 구한말까지는 바닷물을 받아서 솥단지에 넣고 장작으로 불을 때서 소금을 만들었다. 이것을 자염煮鹽이라고 부른다. 자煮는 '삶다' '소금을 굽다'는 뜻이다. 장작불로 때서 만든 소금이라고 해서 화염火鹽이라고도 한다.

왜정 때 일본의 소금 제작방식인 천일염이 한국에 들어오기 전까지 사용되던 소금 제조법은 자염, 즉 화염이었다. 바닷물을 솥단지에 넣고 장작으로 가열하면 소금이 만들어지는 방식이었다. 우리나라 토종 소금제조법은 화염이었던 것이다. 그렇다면 화염은 언제부터 시작됐을까.

이에 대한 정확한 기록은 없지만, 전북 고창 선운사에는 이 자염의 제조에 관한 이야기가 전해지고 있다. 선운사는 바위 절벽에 새겨진 커다란 크기의 마애불이 유명하다.

검단 선사黔丹禪師의 모습을 새긴 것으로 전해진다. 선운사는 검단 선사가 창건했다고 하는데, 선운사 터는 원래 도둑들이 살던 도둑 소굴이었다. 검단 선사가 도둑들에게 소금 굽는 법을 알려주고 이들을 산 너머 서해안의 마을로 이주하도록 했다는 것이다. 도둑들에게 아주 고급기술의 생계수단을 전수해주고 절터를 확보했다. 도적떼가 이주한 바닷가마을이 현재의 고창 사등마을로 알려져 있다. 사등마을 앞으로는 넓은 뻘밭이 널려 있다. 이 뻘밭에서 천 년 넘는 세월 동안 소금을 구워왔다.

검단 선사가 소금 제조법을 전수해준 시기를 백제시대로 추정해왔다. 그렇지만 검단 선사가 누구인지에 대해선 전혀 정보가 없었다. 선운사 마애불과 산신각의 탱화에서만 검단 선사를 볼 수 있었다. 구전으로만 전해지던 검단 선사가 과연 누구인지를 추적해온 학자가 송화섭 교수다. 송 교수는 그의 논문〈고창 선운사 검단 선사의 문화사적 고찰〉이라는 논문에서 검단 선사가 바로 진감 선사(眞鑑禪師, 774~850년)였다는 사실을 주장하고 있다. 진감 선사는 804년에 당나라에 들어가 830년에 신라로 귀국한 인물이다. 진감은 익산의 금마金馬 출신이었는데 신분이 미천해 당나라에 정식으로 유학 갈 형편은 못됐다. 유학은 귀족이나 갈 수 있었다. 배의 노를 잘 젓는다고 해서 당나라로 가는 무역선의 노꾼으로 고용됐다. 노꾼으로 일단 배를 탄 다음 당나라에 내려서는 머리를 깎고 스님이 됐던 것이다. 송 교수의 논문에 의하면, 공부를 마친 진감 선사는 신라로 귀국해 일단 경기 서해안에 도착했고 이후엔 자기 고향과 가까운 고창 선운사 바닷가에 내려와 도적떼들에게 소금 굽는 법을 알려준 것으로 추측한다. 진감 선사의 귀국 연도가 830년이니까 선운사 소금 제조는 대략 이 무렵에 시작된 것이 아닐까 싶다.

진감 선사는 선운사를 창건하고 경남 하동의 지리산 자락인 쌍

쌍계사에 세워진 진감선사비

계사에 본격적으로 머물렀다. 쌍계사 마당에는 최치원이 비문 내용을 지은 진감선사비가 세워져 있다. 진감 선사의 생애와 활동을 기록한 이 비문에는 "진감 선사의 얼굴이 검어 흑두타로 불렸다"고 쓰여져 있는데, 흑두타는 '검단'으로 불렸다고 한다. 비문에는 진감 선사의 사람됨이 묘사되어 있는데, 단지 절터 확보만이 아니라 도적떼들이 도적질 대신 생계를 잇도록 한 선사의 마음을 짐작할 수 있다. 생계 뿐이었을까. 도적들은 소금을 만들면서 흘린 땀만큼 스스로 정화하지 않았을까.

> 선사는 얼굴 빛이 검어서 모두들 이름을 부르지 않고 지목하여 흑두타黑頭陀라고 했다. 이는 곧 현묘함을 탐구하고 말 없는데 처함이 참으로 칠도인漆道人의 후신이었으니 어찌 저 읍중의 얼굴 검은 자한子罕이 백성의 마음을 위로해 준 것에 비할 뿐이랴.
> 선사의 성품은 질박함을 흐트리지 않았고 말에 꾸밈이 없었으며, 입는 것은 헌 솜이나 삼베도 따뜻하게 여겼고 먹는 것은 겨나 싸라기도 달게 여겼다. 도토리와 콩을 섞은 범벅에 나물 반찬도 두 가지가 아니었는데 귀인들이 가끔 찾아와도 일찍이 다른 반찬이 없었다. 문인들이 거친 음식이라 하여 올리기를 어려워하며 말하기를 "마음이 있어 여기에 왔을 것이니 비록 거친 밥인들 무엇이 해로우랴" 하였으며, 지위가 높은 이나 낮은 이, 그리고 늙은이와 젊은이를 대접함이 한결같았다. (-〈진감선사대공탑비문〉 중에서, 고산문화재단 제공)

살아갈 힘을 준 소금, 은혜를 잊지 않다

그렇다면 진감 선사는 스님인데 어떻게 당시 고급기술인 화염법을 습득하게 됐을까. 당시 중국 산둥반도에 내주만萊州灣이라는 지역이 있었고, 이 내주만에서 신라 사람들이 소금을 굽고 있었다. 서기 700년대 후반부터 800년대 초반까지 신라는 흉년이 자주 들었고,

사회불안이 심해서 상당수의 사람들이 서해안에서 배를 타고 중국 산둥반도 쪽으로 탈출했다고 한다. 이래 죽으나 저래 죽으나 마찬가지니까 배를 타고 황해를 건너는 모험을 한 것이다. 먹고 살기 위해서다. 요즘 아프리카 난민들이 보트에 몸을 싣고 지중해를 건너 유럽으로 건너가는 상황과 흡사했다고 할 수 있다.

또한 이 시기는 황해에 치안이 잡혀 있지 않아 해적들도 성행했다. 신라 사람들을 잡아다가 중국에 팔아먹기도 했다. 신라의 난민과 노예들이 가서 노동을 한 곳 중 하나가 바로 산둥반도 내주만과 같은 염전이었던 것이다. 그때나 지금이나 바닷가 뻘밭의 뙤약볕 속에서 소금일을 하는 것은 힘든 일이다. 내주만은 BC 15세기 이전부터 이미 소금을 만들어오던 특이한 지형이었다. 내주만의 육지 쪽에는 소금이 나오는 산, 즉 염산이 자리 잡고 있었고 바닷가에서는 바닷물을 끓이는 화염을 제조했다. 수륙 양쪽에서 소금을 만드는 소금산지였다.

진감 선사는 신라로 귀국할 때 여기서 동포들이 소금 만드는 법을 유심히 관찰, 제조법을 터득해 들어왔다고 여겨진다. 그래서 자기 고향과 가까운 고창 사등마을의 바닷가 뻘밭에서 당나라 내주만의 소금법을 그대로 재현한 것으로 추측된다. 사등마을에는 염정鹽井도 있었다고 한다. 뻘밭에서 자연적으로 바닷물이 솟아 나오는 우물이다. 이 우물물을 퍼다가 솥단지에 끓이면 소금이 나오는 것이다. 소금을 만들기 위해 선운사 일대의 산에서 땔감용 나무를 채취하다 보니 이 일대의 산들은 민둥산이 많았다고 전해진다. 사등마을의 소금이 830년 무렵이라고 본다면 지금부터 거의 1,200년 전에 화염법이 시작된 것이다.

현재도 고창 사등마을에서는 해마다 전통방식인 화염을 제조해 선운사에 소금을 시주한다. 보은염報恩鹽이다. 소금을 소달구지에 싣고 20리 거리의 선운사까지 운송하는 행사다. ⛰

조선 당취들의 아지트,
도솔암의 비밀

조선의 3대 지장 기도처로 이름이 난 도솔암은 바위산에서 내려온 맥이 사람의 주먹처럼 우뚝 솟아 있는데, 이 주먹 위에 지어진 암자이다. 더군다나 암자 터는 약 10m 높이에 있어서 절벽과 같다. 지금은 바위 틈새로 계단을 설치하였지만 계단이 없던 시절에는 그야말로 무협소설에 등장하는 장문인이 살 만한 터였다. 필자는 도솔암에 들를 때마다 무림의 비급秘笈을 연마하는 장소로 딱이라는 생각이 들곤 한다.

변산반도는 한반도에서도 특수한 지형이다.
바다와 강으로 둘러싸여 있다는 것은 자연적인
해자垓字로 둘러싸여 있는 상황과 비슷하다.
변산반도 내부 지세도 온통 300~500m 높이의
산봉우리들로 채워져 있다.
대략 300개가 넘는 산봉우리들이 빽빽하게
솟아 있으므로 지형이 미로와 같다.
양의 창자, 즉 구절양장처럼 복잡하다.
그래서 처음 변산반도에 들어오는 사람들은
밀림에 들어온 것처럼 어디가 어딘지를
파악하기가 어렵다.

불교 국가인 고려가 망하고 유교 국가인 조선이 들어서면서 불교는 찬밥 신세가 되었다. 삼국시대 이래로 1,000년 넘게 브라만 계급으로 대접받고 살았던 승려들은 졸지에 하층 민으로 전락하게 된 것이다. 당연히 조선의 억불 정책에 반발하는 승려들이 있었다. 이 승려들은 깊은 심산유곡으로 들어가 도시에는 안 나오면서 반체제 지하 비밀결사를 조직하였다. 이들 비밀결사 승려 집단을 '당취黨聚'라고 부른다.

당취들의 거점은 첫 번째가 금강산이요, 두 번째가 지리산이었고, 세 번째가 전북의 변산반도였다. 금강산파는 조선조가 들어서자 싹수가 없다, 희망이 없다고 단정하고 일찌 감치 금강산에 들어간 승려집단이다. 지리산파는 조선 초기에는 정권이 어떻게 하는가를 지켜보다가 성종 무렵에 불교탄압이 본격화되자 '안 되겠다' 생각하고 지리산으로 들어 갔다. 지리산의 깊은 계곡에 자리 잡은 원통암圓通庵에서 머리를 깎은 서산 대사는 지리산 당취의 정신적 지주가 아니었을까 하고 필자는 추측하고 있다. 금강산에 거점을 두었던 당취들이 가장 강경파였고, 그 다음으로 지리산 당취, 마지막으로 변산 당취가 있었다.

당취들은 탐관오리나 지역사회에서 평판이 좋지 않은 부자들이 잡히면 '참회'를 시 키고 타격을 가했다. 금강산 참회는 바로 사형을 시켰고, 지리산 참회는 '병신'을 만들었 고, 변산 참회는 갈비뼈나 다리뼈를 분지르는 형벌을 가했다고 전해진다. 어느 책에 나오 는 이야기가 아니라, 1980년대 초반 필자가 대학생이던 시절에 지리산이나 변산 일대를 돌아다니다가 80~90대의 노장老長스님들에게 들었던 이야기이다.

300여 개의 산봉우리로 둘러싸인 한반도의 밀림

변산반도는 한반도에서도 특수한 지형이다. 반도로 툭 튀어나온 지형에다가 동쪽으로 붙은 개암사開巖寺 부근의 폭 2km 정도만 육지로 연결되어 있고 나머지 삼면, 즉 360도 가운데 330도 범위는 바다와 강으로 둘러싸여 있다. 한마디로 개암사 쪽만 방어하면 외부에서 변산에 접근하기 어려운 요새 지형이라는 이야기이다. 바다와 강으로 둘러싸여 있다는 것은 자연적인 해자核字로 둘러싸여 있는 상황과 비슷하다. 변산반도 내부 지세도 독특하다. 장광(長廣, 길이와 넓이를 아우른 말) 70리가 온통 300~500m 높이의 산봉우리들로 채워져 있다. 이 산봉우리들도 대략 300개가 넘는다. 산봉우리들이 빽빽하게 솟아 있으므로 지형이 미로와 같다. 양의 창자, 즉 구절양장처럼 복잡하다. 그래서 처음 변산반도에 들어오는 사람들은 밀림에 들어온 것처럼 어디가 어딘지를 파악하기가 어렵다.

그러다 보니 변산반도는 반체제 세력이 숨어 있기에는 천혜의 조건이었다. 논밭이 있어서 곡식도 충당되고 여차하면 배를 타고 바로 서해안의 섬으로 도망칠 수도 있었다. 더 좋은 것은 세금을 실은 세곡선税穀船들이 서해안의 변산반도 앞바다를 지나다닐 수밖에 없다는 점이다. 이 배들을 당취들과 노비도적들이 가로챌 수 있었다. 해상과 육상, 양쪽에서 식량과 물자들을 빼돌릴 수 있는 자연조건에다 관군이 공격을 해오더라도 방비할 수 있는 험악한 지세를 갖춘 곳이 바로 변산이었다. 그래서 조선왕조 쪽에서는 "토벌이 쉽지 않다"고 판단했던 지역이다.

도망간 노비들의 해방구, 변산

숨어들기 좋은 아지트 지형답게 변산반도 내에는 수백 군데 이상의 사찰과 암자 그리고 토굴들이 있었다. 이곳에 당취들이 은신하고 있었다. 오죽하면 변산 내에서 '중 장터'가 설 정도였다. 오로지 '중'들만이 모여 물건을 교환하는 장터였다. 중들이 얼마나 많았으면 중을 위한 장터까지 생겼겠는가! 더군다나 임진왜란, 병자호란 이후로 신분질서가 일정 부분 와해되면서 노비들이 주인의 통제권에서 벗어나 외지로 도망을 가는 풍조가 만연했다.

선운사 동불암지 마애여래좌상

이 도망 노비들의 최종 목적지 가운데 하나가 변산이었다. 변산은 도망 노비들의 해방구였던 셈이다. 당취들과 도망 노비들이 섞여서 사는 치외법권 지대였다고 해도 과언이 아니다.

변산 바닷가 가까운 쪽에 자리 잡은 절이 내소사來蘇寺이다. 조선시대 어느 추운 겨울에는 노비 도적들이 절에 몰려와 "이번 겨울은 몹시 추워서 우리가 여기서 지내야겠다. 중들은 절을 좀 비워줘야겠다"고 했다는 이야기가 전해진다. 전국에서 도망 나와 집단을 형성한 노비 도적 세력과 당취들 간의 긴장과 혼거混居를 암시해주는 대목이다. 변산을 거점으로 삼았던 당취들은 배를 타고 해안가를 따라 이동하는 방법을 선호하였다. 배를 타는 것이 육지에서 수십 개의 고개를 넘어다니는 것보다는 편한 방법이었고, 혹시나 노획한 물자를 운반하기에도 선박을 이용한 바닷길이 유리했기 때문이었다. 서해안 바닷가에 가까운 사찰들은 당취들의 중요한 징검다리이자 거점 사찰 역할을 했다고 봐야 한다.

이런 측면에서 고창 선운사 도솔암은 당취들이 거처하기에는 최적의 조건을 갖추고 있었다. 변산반도 남쪽에 줄포만이 있다. 서해안에서 육지 쪽으로 쑥 들어온 지점이 줄포만이다. 배를 타고 들락거리기에는 아주 좋은 지정학적 조건이다. 이 줄포만을 남북으로 사이에 두고 위쪽에는 변산반도가, 아래쪽에는 선운사가 있다. 해상교통의 요지이다. 또한 선운사는 그 자체로 요새 지형에 해당한다. 지금은 터널과 자동차 도로가 뚫려 있어서 지형이 변했지만 옛날에는 산으로 삼면이 막혀 있고 서쪽만 바다와 연결되어 있었다. 서쪽이라 하면 소금을 굽던 마을인 월산리 사등마을을 가리킨다. 사등마을에서는 8세기 무렵부터 뻘밭에서 소금을 구웠던 것으로 알려져 있다. 당시 소금은 고부가가치 물품이었다. 이 바닷가의 사등마을에서 접근하여 걸어가면 연화리가 나오고, 연화리에서 다시 300m 높이의 고개를 넘어야만 선운사 참당암(懺堂庵, 대참사大懺寺라고도 함)에 들어갈 수 있다. 선운사 역시 요새 지형이라 외부에서 공격하기 어려운 지형이라는 것을 설명해준다.

도솔천 내원궁

내원궁에 모셔진 지장보살 목각탱

무협소설의 우두머리가 살 만한 터

구전에 의하면 선운사는 당취들의 훈련 도장이었다. 줄포만을 통해 배를 타고 물자를 운반하기도 쉽고, 외부의 관군 공격을 방어하기에도 좋고, 변산반도 전체를 통어할 수 있는 지리적 이점도 갖추고 있었다. 변산반도가 닭의 몸뚱이라면 선운사는 닭의 대가리에 해당하는 셈이다. 변산에 거주하였던 당취들도 훈련할 때는 선운사에 모이기도 편리했다. 말하자면 '논산훈련소' 역할이라고나 할까.

선운사 산내에 있는 참당암에서 다시 20여 분을 더 걸어가면 도솔암이 나온다. 도솔암은 지형 자체로 특별한 느낌을 준다. 10m 정도의 바위 언덕에 자리 잡고 있기 때문이다. 바위는 지기가 용출하는 지점이다. 그래서 바위나 암벽, 암산을 주목해야 한다. 동서양을 막론하고 세계의 모든 종교적 성지는 암반에 자리를 잡고 있거나 아니면 바위산을 끼고 있다. 유럽의 영험한 수도원이나 성당들도 대부분 바위산에 자리 잡고 있다. 성모 마리아가 눈물을 흘리는 성당이 있다면, 틀림없이 암산이나 암벽에 자리한 성당이다. 바위에서 기도발이 나온다는 이치를 알아야 한다. 기도발이 나와야 종교 체험을 한다. 병이 낫거나, 계시를 받거나, 원하던 일이 이루어진다. 이런 종교 체험이 있어야만 신앙심이 생겨난다.

도솔암은 바위산에서 내려온 맥이 사람의 주먹처럼 우뚝 솟아 있는데, 이 주먹 위에 암자를 지었다. 더군다나 암자 터는 약 10m 높이에 있어서 절벽과 같았다. 옛날에는 사람이 올라가기도 힘들었을 것이다. 지금은 바위 틈새로 계단을 설치하였지만 계단이 없던 시절에는 그야말로 무협소설에 등장하는 장문인이 살 만한 터였다. 필자는 도솔암에 들를 때마다 무림의 비급秘笈을 연마하는 장소로 딱이라는 생각이 들곤 한다.

도솔암이 기도터로 알맞은 또 하나의 조건은 암자 주위로 바위산들이 둘러싸고 있다는 점이다. 병풍처럼 암자를 돌아가면서 둘러싸고 있다. 이처럼 그 터를 앞에서 산이 둘러싸야만 기운이 빠지지 않는다. 앞이 트여 있으면 기운이 새어나간다. 도솔암은 옆에서부터 터를 중심으로 빙 둘러서 암산이 감아주고 있다. 이런 조건을 갖췄기 때문에 도솔암은 철원 심원사, 남해 용문사와 함께 조선의 3대 지장 기도처로 이름이 났다. 천상에서 지옥까지의 모든 중생을 교화하겠다는 대자대비의 원력을 세운 지장보살地藏菩薩은 땅속에 있다. 땅속에 있던 지장보살이 땅 위로 출현하면 미륵불이 된다.

미륵불은 어떤 부처인가? 조선시대 당취들은 잘못된 세상을 바로잡은 혁명의 부처님으로 믿었다. 어떤 혁명인가. 양반과 상놈, 차별을 없애주는 신분 해방의 부처님이 바로 미륵불이다. 미륵불은 혁명불이었다. 조선조 승려들은 천민계급이었다. 무당, 노비, 상두꾼(상여꾼) 등 팔천(八賤, 여덟 부류의 천민) 가운데 하나가 승려였다. 미륵불이 나타나면 그날은 천민 계급인 중들과 노비들이 해방되는 날이었다.

도솔암의 바위 절벽에는 7~8m 크기의 마애불이 조각되어 있다. 아주 위엄 있고 당당한 모습이다. 내가 보기에는 미륵불이다. 우리나라에 조각된 미륵불 가운데 대형 사이즈에 속한다. 도솔암의 바위 절벽에 새겨진 미륵불이야말로 천민 계급을 해방시키는 부처님이었다. 변산 일대의 요새 지형에 숨어 살았던 대략 1만 명 이상의 노비 도적과 당취들이 이 미륵불 앞에서 신분차별이 철폐되는 용화회상龍華會上이 오기를 빌었다. 반체제 당취들과 노비 도적의 염원을 들어주는 부처님이 도솔암 미륵불이었다. 도솔암 미륵불 앞에서 동학의 실세였던 손화중이 수천 군중을 모아놓고 미륵불 배꼽에 숨겨져 있었던 비기祕記를 꺼내는 의식을 연출했다. 미륵불 배꼽에서 꺼낸 비기에는 '한양이 망한다'는 내용이 적혀 있었다고 한다. 동학혁명의 폭발은 바로 이 배꼽 비기에서 시작되었다고 해도 과언이 아니다. 암반에 둘러싸여 있는 영험한 기도처이자 당취들의 성소였고, 동학혁명의 시발처가 바로 도솔암 미륵불이다. ▲

눈 내린 밤에

달 밝은 하늘을 보면

문득 마음이 그처럼

맑아진다.

_《채근담》

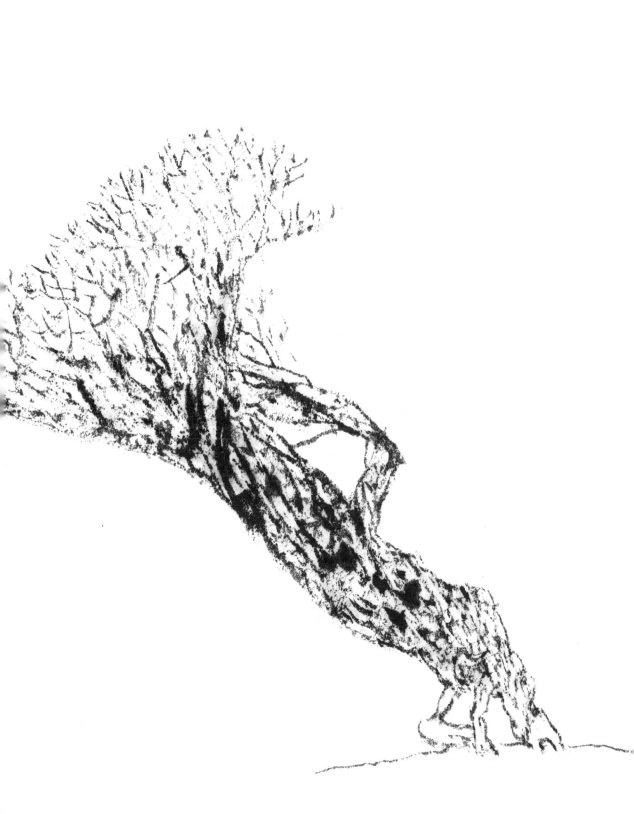

전설 속 보물 도장, 해인海印

가야산 해인사

해인海印이라는 이름 자체가 난해한 의미를 품고 있다. '바다의 도장'이 무슨 뜻이란 말인가. 구전으로 전해져 오는 수십 종류의 해인설화에 의하면 '해인'은 바다 밑의 용궁에서 용왕이 쓰던 도장으로서, 보물 중의 보물이었다. 우연한 계기로 육지에 올라오게 된 해인을 '식食' 자에 찍으면 먹을 것이 나오고, '주酒' 자에 찍으면 술이 나온다고 여겼다. '금 나와라 뚝딱, 은 나와라 뚝딱' 하는 만사형통 도장이었던 것이다. 설화에서는 합천의 해인사도 이 해인의 신통력으로 순식간에 만든 절이었기 때문에 그 이름이 해인사가 되었다고 전해진다. 그리고 이 해인은 팔만대장경 속에 보관되어 있다고 믿었다.

서양의 영화 중에서도 고대를 배경으로 한 영화를 좋아한다. 고대 영화 중에서도 보물을 찾아가는 이야기의 영화가 특히 흥미를 끈다. 예를 들면 성배(聖杯, 성스러운 술잔), 명검名劍 아니면 성스러운 약속 문서가 들어 있는 궤짝 같은 것들 말이다. 서양의 보물찾기 영화를 보면서 드는 생각은 '동양의 보물은 무엇일까?'이다. 우리는 저런 보물이 없었단 말인가? 우리 민족 토종의 보물은 무엇일까? '해인海印'이 그런 보물 중의 하나가 아닌가 싶다.

우선 해인이라는 이름 자체가 난해한 의미를 품고 있다. '바다의 도장'이 무슨 뜻이란 말인가. 구전으로 전해져 오는 수십 종류의 해인설화에 의하면 '해인'은 바다 밑의 용궁에서 용왕이 쓰던 도장으로서, 보물 중의 보물이었다. 우연한 계기로 육지에 올라오게 된 해인을 '식食' 자에 찍으면 먹을 것이 나오고, '주酒' 자에 찍으면 술이 나온다고 여겼다. '금 나와라 뚝딱, 은 나와라 뚝딱' 하는 만사형통 도장이었던 것이다. 설화에서는 합천의 해인사海印寺도 해인의 신통력으로 순식간에 만든 절이었기 때문에 해인사가 되었다고 전해진다. 그리고 이 해인은 팔만대장경 속에 보관되어 있다고 믿었다.

아무튼 해인 도장을 가지고 있으면 불로장생·영생불멸하고 미래를 내다볼 수 있고, 어떤 어려움 속에서도 빠져나갈 방법이 생긴다고 보았다. 그래서 조선조 이래로 해인이라는 전설의 보물을 찾는 사람들이 있었다. 이는 조선조가 아니라 그 이전의 삼국시대나 고려시대를 거쳐 내려오는 신화였을 수도 있다.

조선 말기에 풍수 마니아였던 흥선대원군이 자신의 아버지였던 남연군의 묘를 충남 예산군 덕산면 산자락에 썼다. 기존에 있던 절을 없애고 거기에다 남연군 묘를 쓰고 난 뒤에 아들 고종이 태어났으니 효험이 있긴 있었다고 봐야 한다. 그런데 이 천하의 명당을 잡아준 지관이 '정만인'이라는 인물이었다. 실제로 군왕이 나오는 군왕지지君王之地를 잡아줄 정도의 실력과 안목이 있었던 정만인은 보통 인물이 아니었던 것 같다. 명산대천에서 수십 년간 풍수도참風水圖讖과 여러 가지 도가의 비술秘術에 대한 식견이 있었을 것이다.

해인도

구광루 앞 마당에 새겨진 의상 대사의 〈법성게〉, 卍 모양의 미로를 따라 걷다 보면 무념무상에 빠진다.

대적광전 앞마당을 내려다보는 정료대(장작이나 관솔을 얹고 불을 피워 어둠을 밝힌 일종의 조명대)

팔만대장경이 보관된 장경각 안과 밖

단옷날 소금단지 묻기

대원군도 보통 인물이 아닌데, 그를 설득해서 믿음을 주고 군왕지지를 잡아줄 정도의 정만인은 한소식 하지 않았을까.

요즘 지관들을 보면 돈 있는 재벌 총수를 압도해서 묘를 쓰게 할 정도의 카리스마가 없다. 재벌 총수 앞에서 쩔쩔매는 정도의 급수들이다. 돈 앞에서 엎어지는 지관 정도 가지고는 묘를 잡을 수 없다. 정만인이 남연군 묘를 잡아준 이래로 조선 민초들 사이에 풍문이 떠돌았다. '정만인이 해인을 가지고 있는데, 해인을 들고 몰래 심산유곡으로 숨었다' 또는 '해인을 경남 합천 가야산의 해인사 장경각에 숨겨 놓았다' 등의 소문이었다. 풍수도참과 명당도明堂圖를 추적해온 필자도 '도대체 이 해인이라는 것이 무엇인가?' 하고 오랫동안 의문을 품어왔다.

전설 속 보물로 등장하는 '해인' 차크라

요가의 7개 차크라(七輪)에 대한 공부를 하면서 의문이 풀렸다. 인체의 2번째 차크라(에너지 터미널)가 스바디스타나 차크라인데, 이 차크라가 물(水)을 상징한다. 1번째 물라다라 차크라는 땅(地)을 상징한다. 물을 상징하는 2번째 차크라가 뚫리면 해인삼매海印三昧에 들어가게 된다. 잔잔한 바다에 만물의 형상이 그대로 비치는 상태이다. 즉 태평양과 내가 하나가 된 상태를 가리킨다.

합천 가야산에 있는 절 이름이 왜 해인사란 말인가. 2번째 차크라가 열려서 해인삼매라는 입정入定에 들어가면 바로 거기가 해인사다.

그리고 해인삼매의 경지에 들어가 진리를 표현해 놓은 것이 바로 의상 대사의 〈법성게法性偈〉다. 방대한《화엄경華嚴經》을 7언言 30구句, 총 210자로 압축하고 글자 배열을 만卍 자와 비슷한 도상 형식으로 배열한 〈법성게〉는 법계도장法界圖章 또는 해인도海印圖

로도 불렸다. 해인사 구광루 앞마당에 卍자 비슷한 형태로 디딤돌을 만들어 놓았는데 이 형태가 곧 〈법성게〉이다. 〈법성게〉가 해인이다. 해인은 도장이 아니고, 법성게를 깨달은 상태이다.

의상 대사 〈법성게〉의 한 대목이 '일미진중함시방一微塵中含十方'이다. '하나의 먼지 속에 온 세상이 다 담겨 있다'는 의미다. 도대체 이게 무슨 소리인가! 물론 개념적으로 머리에서는 이해할 수 있다고 치자. 그러나 현실세계에서 '일미진중함시방'의 사례를 발견하기가 어려웠다. 머리로만 아는 것보다는 현실에서 자기 경험으로 부딪쳐야만 진짜 알게 되는 것이다.

최근 '신종 코로나바이러스 감염증(코로나19)' 사태를 보니까 이 이치가 이해된다. 코로나19는 눈에 보이지 않는 극히 미세한 바이러스에 지나지 않는다. 바이러스가 곧 하나의 티끌이다. 그런데 극히 미세한 이 바이러스가 온 세상을 뒤집어 놓고 있다. 온 세상, 백 몇십 개국의 일상생활을 정지시키는 위력을 발휘하고 있다. 눈에 보이지도 않는 바이러스 하나 때문에 세계가 쩔쩔매는 모습을 보면서 '해인'에 담겨 있는 이치를 공부하고 있는 것이다. 미시세계와 거시세계가 서로 맞물려 있다는 이치를 이번에 느낀다.

팔만대장경과 소금

팔만대장경이 보존된 해인사는 세계 최고의 도서관이다. 200~300장도 아니고 자그마치 8만 장이 넘는 목판책이 보관되어 있다. 양피지나 종이책 도서관은 서양에도 많겠지만, 그만한 양의 목판에 새겨진 책이 있는 곳은 세계 어디에도 없다. 그 공력과 정성은 국력 차원이 아니면 감당할 수 없는 수준이다.

경판은 고려시대 후기인 1237년부터 만들어졌으니 거의 800년의 세월 동안 보관돼 있는 것이다. 그리고 여기에 새겨진 내용들은 수천 년 이어져온 동양 지혜의 정수들이다. 죽음을 벗어나게 해주는 해탈과 구원의 메시지가 새겨진 셈이다.

이 팔만대장경이 있는 경남 합천 해인사는 가야산 자락에 있다. 해발 1,430m의 가야산은 험한 바위산이다. 불꽃 같은 산이다. 풍수적으로는 화체火體산에 해당한다. 종교적 영성은 불꽃에 비유된다. 영발은 불꽃 같은 성격을 지녔다. 사주팔자에 화기가 많은 사람들이 기도를 하면 다른 사람들보다 기도발이 훨씬 잘 받는다. 종교체험은 어느 순간에 불꽃처럼 타오르는 속성이 있다. 해인사는 이 가야산의 중턱에 자리 잡고 있는 것이다.

가야산은 북방민족의 침입으로부터 어느 정도 안전한 곳이다. 한반도 남쪽이라서 거란·몽골이 쳐들어오더라도 거리가 멀다. 또한 남쪽의 왜구들이 침입해도 보호받을 수 있는 위치다. 왜구들이 남해안에 배를 대놓고 육로로 한참을 걸어와야만 도달할 수 있는 데다가, 산세가 험해서 쉽게 공략할 수 있는 지형도 아니다.

가야산 해인사는 남북의 외적을 방어하기에 좋은 위치이기는 하지만 한 가지 취약점이 있다. 바로 화재였다. 목판 대장경은 화재에 약하다. 불이 나면 어떻게 할 것인가? 팔만대장경 보관에서 가장 신경 썼던 점은 화재 예방이었을 것이다. 불을 어떻게 막을 것인가? 실제로 해인사에서는 일곱 번의 화재가 발생했다. 조선시대 순조 때에는 해인사에 불이 나서 대적광전大寂光殿이 모두 불타버렸다. 대적광전 바로 뒤에는 팔만대장경을 보관한 장경각이 있다. 아슬아슬한 순간이었다. 만약 불똥이 튀어 장경각으로 날아갔다면 팔만대장경은 재가 됐을 수도 있었다. 부처님의 가피력加被力 때문인지, 대장경을 조성했던 백성들의 염원이 작동했는지 모르지만 장경각은 순조 때 일어난 화재에서 불에 타지 않았다. 이때 불타버린 해인사 대적광전을 복원한 인물이 추사 김정희의 아버지인 김노경金魯敬이었다. 당시 김노경은 경상관찰사로 있었다. 복원불사 비용의 3분의 1은 본인 돈으로 부담하고, 3분의 1은 경상감영에서 나온 돈이었고, 마지막 3분의 1은 해인사의 돈으로 감당했다고 전해진다.

해인사에서 취한 화재 예방의 비책은 풍수비보風水神補였다. 우선 해인사 앞산 이름을 매화산埋火山으로 정했다. '불을 묻어 놓은 산'이라는 뜻이다. 매화산은 뾰족뾰족하게 생겨서 불꽃 형상이다. 기도발 받는 데는 좋지만 화재를 불러일으킬 수 있다고 본 것이다. 그 다음은 절 군데군데 소금을 묻는 방법이었다. 소금은 바닷물이 뭉쳐서 생긴 진액이다. 소금을 묻으면 바닷물을 갖다 놓은 셈이다. 대적광전 앞의 돌로 된 축대 위에 구멍을 두 군데 파고 여기에다 소금을 넣었다. 율원律院 앞의 바위 속에도 구멍을 한 군데 파고 소금을 넣어뒀다. 해인총림海印叢林 현판 앞 오른쪽 방향의 바위에도 두 군데 구멍을 파서 소금을 넣었다. 그 옆의 스님들이 거처하는 건물 정원에도 소금을 넣어둔 바위구멍이 두 군데 있다. 소금구멍의 지름은 대략 10cm, 깊이는 20cm 정도 된다.

그리고 매년 음력 5월 5일 단옷날에는 스님들이 매화산 정상 부근에 소금단지 6개를 묻고 오는 행사를 치른다. 단옷날에 하는 이유는 화기가 가장 강한 날이기 때문이다. 팔만대장경을 화재로부터 보호하는 비책은 바로 소금이었던 것이다.

동양 최고의 지혜가 새겨진 팔만대장경과 어떤 어려움에서도 빠져나갈 수 있는 신神의 도장 해인, 두 보물을 간직한 해인사야말로 그대로 보물이다. ▲

첩첩산중에 놓인
신라시대 인공도로

지리산 영랑대

청이당 근처의 산길을 자세히 들여다보면 큰돌 사이에 작은돌이 끼워져 걷기 쉽도록 평평하게 다듬은 흔적이 아직도 남아 있다. 화랑 3,000여 명이 이곳에서 풍류도를 닦고, 한편으로 군사훈련도 겸하는 행사였다면 분명 소와 말이 필요하다. 우마가 산길을 다니려면 바위너설 길은 매우 불편하다. 딱딱한 발톱을 지닌 소와 말은 거친 돌길에서 미끄러지기 쉽다. 중간중간에 작은 돌을 끼워 넣고 흙으로 틈새를 채워 넣은 길이어야만 소와 말이 다닐 수 있다. 이런 측면에서 영랑대로 오르는 산길은 이미 신라시대에 인력을 동원하여 닦아 놓은 오늘날의 '포장도로'라고 볼 수 있다.

'신선처럼 산다', '선풍도골仙風道骨(신선처럼 좋은 풍채)이다', '무릉도원 같다' 등등의 표현이 있다. 한국인의 의식 저 깊은 지점에는 신선에 대한 동경이 자리 잡고 있다. 살고 싶고 닮고 싶은 모델이 바로 신선인 것이다. 신선을 욕하는 사람은 없지 않은가!

우리나라 신선으로 거론되는 이들 가운데 대표적인 인물이 영랑선인永郎仙人이다. 신라시대의 신선이다. 생몰연대는 정확하게 알 수 없고 신라 32대 효소왕(692~702년) 때의 인물이라고 한다. 흔히 영랑은 다른 3명의 신선과 함께 사선四仙으로 불린다. 영랑, 술랑, 남랑, 안상이 신라 사선이다.

영랑 또는 이들 사선이 남긴 자취는 여기저기에 있다. 전북 임실 쪽에도 경치 좋은 냇가에 사선대四仙臺가 있다. 사선이 이곳에서 놀았다고 전해진다. 강원도 강릉에도 영랑을 비롯한 사선의 자취가 있으며, 경상도 울주의 천전리 바위 암벽에도 영랑이 화랑들과 함께 수련을 했다는 내용이 기록된 석각이 남아 있다. 금강산에도 고갯길의 이름 가운데 영랑현永郎峴이 있었다고 한다. 속초에 가면 영랑호라는 아름다운 호수가 있다. 영랑의 흔적이 전해지는 곳은 일반적으로 바닷가나 호수가 있는 장소였다는 공통점이 있다. 바다와 호수가 바라다보이는 전망 좋은 위치에서 옛날 신선들이 즐겨 놀았다고 추측할 수 있다.

그렇다면 신선들은 물만 좋아했을까? 산에서는 놀지 않았단 말인가? 지자요수智者樂水, 인자요산仁者樂山이라는 말이 있다. 신선은 '지자'이면서도 '인자'이다. 서양 사람들은 휴식처를 연상할 때 물이 파랗게 비치는 바닷가 해변을 생각한다. 반대로 한국 사람들은 녹음이 우거지고 바위 옆에 계곡물이 흘러가는 심산유곡을 연상한다. 서양은 지자적智者的인 측면이 있고, 동양은 인자적仁者的인 측면이 있다. 신선은 산에서 도를 닦고, 도를 성취한 이후로는 바다, 호수에서 유유자적할 것 같다. 어느 산에 영랑의 자취가 남아 있을까, 하는 게 나의 평소 관심사였다. 이 문제의식에 하나의 실마리를 제공한 이가 대전의 한 고등학교에서 한문을 가르치고 있는 이영규 선생이다.

화랑들이 풍류도를 닦으며 심신을 단련하던 곳

"지리산에 있는 영랑대永郎臺가 바로 그런 곳입니다."

"영랑대라니요?"

"영랑대에 올라가면 기가 막힌 풍경과 함께 산의 기운을 느낄 겁니다."

"기운이라뇨? 어떤 기운이란 말입니까?"

"우리나라 신선이 좋아했을 법한 기운입니다. 21세기 속세에 사는 저도 영랑대에만 올라가면 시간이 어떻게 가는 줄을 모릅니다. 시간이 정지해 있는 듯한 느낌을 받을 정도로 저에게는 황홀한 공간입니다."

"아! 그래요. 명산대천 유람가인 내가 영랑대를 아직까지 가 보지 못했다는 것도 부끄러운 일이네요. 조만간에 무조건 한번 가봅시다."

지리산 영랑대는 해발 1,740m에 이른다. 낮은 봉우리는 아니다. 지금은 영랑대 올라가는 코스가 입산금지 구역으로 정해져 있다. 국립공원공단으로부터 사전에 입산 허가를 받고 등산을 해야만 한다. 영랑대에 올라가는 코스는 서너 군데 있지만 가장 정통 코스는 아마도 함양군 휴천면 엄천리 동강마을에서 시작되었던 것으로 보인다. 함양군 쪽의 들판에서 멀리 지리산을 바라보면 이 영랑대가 가장 높은 봉우리로 보인다는 것이다. 천왕봉은 영랑대에 가려져서 잘 보이지 않으니까, 지리산 최고봉은 천왕봉이 아니라 영랑대라고 해야 할 것이다.

조선시대 지리산에 올랐던 선비들이 남긴《유산록遊山錄》의 길을 추적하고 있는 이영규 선생의 말을 들어보면, 영랑선인 시대는 동강마을 쪽에서 등산을 시작했을 가능성이 높다는 것이다. 여기에서 출발하여 양쪽 돌문 사이에 나 있는 방장문方丈門을 통과해 계곡물이 풍부한 청이당을 거치고 마암馬巖을 지나서 영랑대로 올라갔을 것으로 본다. 우리 일행은 각자 15kg짜리 배낭을 메고 올라가 해발 1,200m 높이의 청이당에 도착하였다.

부슬비를 맞으며 키를 넘는 배낭을 메고 산길을 오르다보니 다리가 후들거렸다. 뒷덜미와 얼굴의 땀이 빗물에 섞이고 다리가 후들거리는 수업료를 내야만 '강호동양학江湖東洋學'이 깊어진다. 강호를 두 발로 밟아보지 않고는 글발이 나오지 않는 것이다.

물이 풍부하면서도 깊지 않고 얕은 계곡물이 흘러가는 청이당 일대는 수백 명에서 1,000명이 넘는 인원이 야영을 할 수 있을 만큼 지대가 넓었다. 넓은 공간에 먹을 물도 풍부해서 많은 사람이 동시에 쉬어갈 수 있는 최적의 장소였다.

신라시대 지리산을 찾았던 화랑들이 충분히 거처할 수 있는 공간으로 여겨졌다. 백토로 만든 도자기 파편도 발견되었다. 특히 주목되는 커다란 바윗돌이 하나 놓여 있었다. 70~80t은 나갈 법한 고인돌 같은 형태였다. 제사 돌로 보였다. 제사를 드리려면 기운의 초점 역할을 하는 큰 돌이 하나 놓여 있어야 법도에 맞다. 화랑들이 이 바위 앞에 모여서 천지신명에게 제사를 지내지 않았을까. 바로 '천례탕(天禮碭, 하늘에 제를 지내던 바위) 터'인 것이다. 천례탕이 세월이 흘러 구전으로 전해지는 과정에서 지금의 '청이당'이라는 명칭으로 와전되었을 가능성이 높다.

조선시대 1472년 점필재 김종직이 남긴《유두류록遊頭流錄》에 보면 '신라 화랑의 우두머리인 영랑선인이 산수를 유람하면서 화랑 3,000명을 데리고 영랑대에 왔다'는 내용이 나온다. 영랑대에 올라가기 위해서는 청이당 터에 머무를 수밖에 없다. 중간 베이스 캠프에 해당하는 지점이다. 신라 화랑들이 이곳에 머물며 밥도 해먹고 야영도 했던 장소로 추측된다.

신라 때 만들어진 지리산의 포장도로

이날 등반에 동행한 경상대 수의학과 조규완 교수는 "우마, 즉 소와 말도 화랑들과 같이 이 지점까지 올라왔을 가능성이 크다"고 했다. 가축의 발굽에 대해서 섬세한 지식이 있는 수의학과 교수가 보는 관점은 우리 같은 인문학자와는 달랐다. 그 근거로는 여기까지 올라오는 길이 그냥 자연 그대로가 아니라 인공으로 다듬어진 산길이라는 물증이 보인다는 것이다.

조 교수는 길 중간중간 큰 돌 사이에 자그마한 돌들을 끼워 넣어 섬세하게 다듬은 흔적을 발견할 수 있었다며, 이는 사람은 물론 소와 말도 이동에 편리하기 위해서라고 했다. 아닌 게 아니라 청이당 근처의 산길을 자세히 들여다보면 큰 돌 사이에 작은돌이 끼워져 걷기 쉽도록 평평하게 다듬은 흔적이 아직도 남아 있다. 화랑 3,000여 명이 이곳에서 풍류도風流道를 닦고, 한편으로 군사훈련도 겸하는 행사였다면 분명 소와 말이 필요하다. 식량을 비롯한 야영 물자를 운반하기 위한 용도로도 필요하고, 장기 주둔할 경우에는 화랑들이 먹을 고기도 필요했을 것이다.

우마가 산길을 다니려면 바위너설 길은 매우 불편하다. 딱딱한 발톱을 지닌 소와 말은 거친 돌길에서 미끄러지기 쉽다. 중간중간에 작은 돌을 끼워 넣고 흙으로 틈새를 채워 넣은 길이어야만 소와 말이 다닐 수 있다. 이런 측면에서 영랑대로 오르는 산길은 이미 신라시대에 인력을 동원하여 닦아 놓은 오늘날의 '포장도로'라고 볼 수 있다. 지리산 깊은 산속에 영랑대로永郎大路가 닦여 있었다고나 할까.

이 영랑대로를 조선의 선비들도 지리산을 유람할 때 유람길로 이용했을 것이다. 조선시대 선비들이 쓴 지리산 유람기는 100여 편이 넘는다고 한다. 누구나 평생 꼭 한 번 가보고 싶은 곳이 지리산이었다. 흔히 지리산은 인적이 매우 드문 원시림의 산이라고 생각하기 쉬운데, 사람과 물자·가축이 수없이 오갔던 대로大路가 깔려 있던 산이었다고 보아야 한다. 조규완 교수의 말을 듣고 보니 역시 전공이 다르면 사물을 보는 관점이 다르고 그만큼 세상을 더 풍요롭게 볼 수 있는 듯하다.

영랑대에서 올라오는 범상치 않은 기운

청이당 터에서 다시 2시간쯤 더 올라가니 '마암'이라는 터가 나타난다. 7~8m 높이의 바위 절벽이다. 절벽 중간에 '馬巖(마암)'이라는 글자가 새겨져 있다. 영랑과 함께 왔던 화랑들이 이곳에 말을 매어 놓고 물을 먹였던 장소가 아닌가 싶다. 바위 밑에서는 샘물이 나온다. 해발은 1,600m쯤 될까 싶다. 과거에는 마암의 한쪽 바위 끝이 지붕의 처마처럼 튀어나와서 '행랑굴'이라고 불렸다. 지금은 처마 부위가 세월의 풍화로 떨어져 나갔다. 일제강점기 때까지도 마암 밑에는 사람이 쉬어갈 수 있는 작은 집과 움막이 있었다고 한다. 지리산에 나무하러 왔거나 산을 유람하던 유람객들이 잠시 쉬어갈 수 있는 시설이었다.

마암에서 다시 40분 정도 더 올라가 영랑대에 도착했다. 영랑대는 봉우리 정상 부분

을 일컫는다. 멀리서 보면 시루봉같이 생겼다. 주변을 바위 절벽이 빙 둘러싸고 있다. 둘러친 바위 절벽이 대략 30~40m는 될 것 같다. 바위 절벽으로 둘러싸인 정상 부분은 흙으로 덮여 있고 약간 평평하다. 수백 명이 앉을 수 있는 넓이이다. 지리산 동북쪽에 솟아 있는 이 영랑대는 전망이 일품이다. 지리산 일대가 다 보인다. 지리산 서쪽의 노고단, 반야봉을 비롯해서 마천 쪽의 금대산, 백운산, 삼봉산, 법화산도 보인다. 동쪽으로 더 멀리 보면 가야산도 보이고 덕유산도 보인다. 다시 뒤를 돌아보면 진주 쪽이 보인다. 운해 위로 섬처럼 솟은 웅석산도 보이고, 그

뒤로는 황매산도 보인다. 날씨가 좋으면 사방 360도로 200리(약 80km) 거리가 다 보이는 전망대이다.

신라는 이곳을 군사 요충지로 삼았던 것으로 보인다. 금관가야의 마지막 왕인 구형왕仇衡王의 추종자들이 신라군에게 쫓겨 산청 일대로 피신을 하고, 계속 치고 들어온 신라군이 영랑대 일대를 점령했다. 경주 남산(490m)과 토함산(745m)만 보다가 처음으로 1,740m의 고봉을 손에 넣은 신라 입장에서는 사방이 탁 트인 영랑대야말로 주변국을 감시하기에 더없이 좋은 요충지가 아니었을까. 가야의 저항 세력도 감시하고, 노고단 쪽 백제를 견제하는 군사방어 시설도 필요했을 것이다. 영랑이 대규모의 화랑을 데리고 영랑대에 오른 것은 이러한 군사적 목적도 있었을 것으로 추측된다.

영랑대에서 올라오는 기운은 범상치 않다. 청량하면서도 강한 기운이다. 기운이 강하면 탁하기 쉬운데, 영랑대의 기운은 소쇄瀟灑한 맛이 있다. 청량하다는 뜻이다. 여기에 서 있으면 시간이 정지해 버린 것 같은 착각이 든다. 인간사를 밑으로 내려다보는 호연지기가 생길 수밖에 없다. 화랑들이 이 기운을 받고 풍류도를 닦는 목적도 있었을 것이다.

영랑대 바로 앞에 지리산 최고봉인 천왕봉이 보인다. 천왕봉을 가장 잘 감상할 수 있는 포인트는 바로 영랑대이다. 천왕봉에 올라가면 천왕봉을 볼 수 없다. 천왕봉 줄기가 중봉을 거쳐 하봉을 지나고, 하봉에서 영랑대로 지맥이 내려온다. 세상 풍파에 시달려 석회질로 굳어진 중년 남성의 가슴을 망치로 부숴 버리는 게 영랑대의 풍광이다. 저녁노을의 장엄한 풍광을 보노라면 대한민국 곳곳이 명당이라는 사실을 깨닫게 된다. ▲▲

썩은 풀 속에 빛은 없으나
반딧불이 태어나
여름밤을 빛낸다.
깨끗함은 더러움에서 나오고
밝음은 어두움에서 비롯된다.

_《채근담》

한국 페미니즘의 시원,
삼신할머니

지리산 노고단과 오행사찰

불교가 들어오기 전까지 한반도에는 어떤 종교가 있었을까? 아예 종교가 없지는 않았을 것이다. 그게 무엇일까? 필자는 '삼신할머니 신앙'이었다고 생각한다. 삼신할머니는 한국인에게 생명을 잉태하게 해준 여신이다. 우리의 생명줄은 삼신할머니가 관장하고 있다고 믿었다. 한국인에게 무척 뿌리 깊은 토착신앙이 '산신 숭배'다. 우리 국토의 70%가 산이기 때문이다. 우리나라에 불교가 들어와서도 산신 신앙만큼은 지우지 못했다. 새로 사찰을 지을 때도 제일 먼저 세우는 건물이 산신각이다. 산신이 결재를 하지 않으면 절을 짓기가 힘들다고 여기는 전통이 아직까지 남아 있다.

유럽에 기독교가 자리 잡기 전까지는 켈트족들이 믿던 켈트교가 있었다. 기독교는 중동 사막의 유목민들로부터 시작된 종교였고, 기독교가 들어오기 전까지 유럽에서는 켈트교가 터줏대감 역할을 했다. 판타지 영화의 대표작이라 할 수 있는 《반지의 제왕》이 바로 켈트교의 신화와 상징에 바탕을 두고 있다. 이 영화에 나오는 마법사 간달프는 우리의 산신령 이미지와 비슷하다. 지팡이를 들고, 흰옷을 입고, 수염까지 기른 모습이 영락없는 지혜의 상징이기 때문이다. 북쪽 추운 기후의 섬인 스코틀랜드나 아일랜드는 기독교에 의해 쫓겨간 켈트족들이 마지막으로 숨어들었던 곳이다. 그래서 켈트족 신화들은 오늘날까지 그곳에 남아 있다.

지리산 노고단은 '삼신할머니' 신화가 서려 있는 장소다. 불교가 들어오기 전까지 한반도에는 어떤 종교가 있었을까? 아예 종교가 없지는 않았을 것이다. 그게 무엇일까? 필자는 '삼신할머니 신앙'이었다고 생각한다. 삼신할머니는 한국인에게 생명을 잉태하게 해준 여신이다. 우리의 생명줄은 삼신할머니가 관장하고 있다고 믿었다.

그러다 불교가 전래되면서 이러한 토착신앙이 사라져갔다고 여겨진다. 불교 사찰 중에 토착신앙의 흔적이 남은 곳은 산신각山神閣 하나뿐이다. 한국인에게 무척 뿌리 깊은 토착신앙이 '산신 숭배'다. 우리 국토의 70%가 산이기 때문이다. 물론 네팔이나 스위스 같은 나라들도 산으로 이루어져 있지만, 사람이 살 수 있는 산이 많지는 않다. 해발 1,000m 내외 높이의 산이 사람 살기에 좋다. 해발 2,500m가 넘어가면 사람이 살기에 적당하지 않다. 한국은 1,000m급의 산들이 주종을 이룬다. 게다가 사계절이 있어서 약초도 많고 채소와 나물도 많다. 인간이 살 수 있는 산들로 이루어져 있는 것이다. 이런 조건을 갖춘 나라는 한국이 유일하지 않나 싶다. 우리나라에 불교가 들어와서도 산신 신앙만큼은 지우지 못했다. 새로 사찰을 지을 때도 제일 먼저 세우는 건물이 산신각이다. 산신이 결재를 하지 않으면 절을 짓기가 힘들다고 여기는 전통이 아직까지 남아 있다.

산신각 터는 통상 바위맥이 세게 들어오는 길목에 자리 잡으므로 기도발이 잘 받을 수밖에 없다. 대신 산신각에서 효과를 본 사람은 반드시 산신에 보답해야 한다는 조건이 붙는다. 아쉬울 때는 죽을 둥 살 둥 기도하다가 볼 일 본 다음에 모른 체하면 산신의 보복이 있다는 것이다. 산신기도를 해서 효험 본 사람들 사이에서 전해져 오는 이야기이다. 산신기도는 어떻게 하는가? '산왕대신山王大神'을 연속해서 부르면 된다. 하루에 약 3차례 1시간 가량 정해 놓고 산신각에 들어가 '산왕대신'을 소리 내어 부르면 응답이 있다.

산신은 할아버지 모습으로 나타나지만 원래는 할머니가 아니었을까 싶다. 영발靈發은 남자보다 여자에게 쉽게 내려오게 되어 있다. 그래서 고대의 제사장은 여자였다. 바로 삼신할머니였다. 지리산 노고단老姑壇은 이름 자체부터가 할머니를 상징한다. '늙을 로老' 자에 '시어머니 고姑'자가 아닌가. 단壇은 건물이 아니라 제사를 지내는 평평한 지형을 가리킨다. 따라서 노고단은 늙은 할머니, 즉 '삼신할머니에게 제사 지내는 터'라는 의미를 지닌다. 단이라는 이름에서 유추할 수 있는 또 하나의 사실은 건물이 없다는 점이다. 지리산 전체가 하나의 단壇이라고 할 수 있다. 즉 지리산 전체가 바로 삼신할머니를 숭배하고 제사 지내는 성지였던 것이다.

산 전체가 제단인 지리산

지리산 서쪽에 화엄사가 있다. 화엄사 뒷산이 바로 노고단이다. 다른 곳은 봉우리라고 하는데 이곳에만 '단'이라는 명칭을 사용한다. 화엄사는 그간 다녀본 사찰 가운데 땅의 기운이 유달리 강한 곳이다. 이삼 일만 머물러도 몸 안으로 들어오는 기운이 짱짱하게 느껴진다. 상단전上丹田과 주먹으로 힘이 들어간다. 노고단에서 내려오는 지맥의 기운이 그만큼 강하다는 뜻이다.

화엄사 뒤로 10분 정도 올라가면 구층암과 봉천암이 나오고, 봉천암 뒤로 옛날의 하악단下嶽壇 자리가 나타난다. 한반도에는 이런 곳이 세 군데가 있었다. 조선시대 나라에서 설치한 산신령 제단이다. 북한 묘향산의 상악단上嶽壇, 계룡산 신원사 뒤의 중악단中嶽壇, 그리고 지리산 화엄사 뒤의 하악단이 그곳이다. 이곳들은 우리나라 산신 신앙의 3대 거점에 해당한다. 묘향산의 상악단은 어디에 있었을까? 가보지 못해서 알 수 없다. 구전에 의하면 경허(惺牛, 1849~1912년) 선사의 제자인 수월(水月, 1855~1928년) 스님이 만주로 가기 전에 묘향산에서 1,000일 동안 기도를 드렸다고 한다. 일설에 의하면 경허 선사가 불가로 출가해서 깨닫고 보니 우리 민족의 뿌리인 단군을 알게 되었다고 한다. 뿌리를 무시할 수 없다, 그래서 제자인 수월에게 단군의 중요성을 강조했다는 것이다. 왜 묘향산에서 기도했는가 하면 묘향산에 단군굴檀君窟이 있었기 때문이다. 단군의 유적일 것이다. 단군굴에서 천일기도를 마치고 수월 스님은 만주에 가서 오가는 행인들에게 짚신을 삼아주기도 했고,

화엄사 사사자석탑 앞 여인상

독립운동가들의 정신적인 지주가 되어주기도 했다고 전해진다. 수월이 단군굴에서 천일기도를 드릴 때 보현사普賢寺에 나이 어린 사미승을 한 명 붙여 달라고 부탁했다. 아무래도 장기간 기도를 하려면 옆에서 잔심부름을 해주는 동자승이 있어야 하기 때문이다. 이때 수월 옆에서 시봉을 해주던 사미승이 동인 스님이라는 분이다. 이 동인이 광복 이후에는 남쪽으로 내려와 밀양 표충사가 있는 재약산載藥山에서 토굴을 짓고 살았는데, 1970년대까지 생존해 있었다고 전해진다. 동인 스님으로부터 전해진 단군의 맥이 지금까지도 그 제자에 의해 면면히 이어지고 있다. 상악단은 아마도 단군굴이 있는 주변 어딘가에 있지 않았을까?

조선 왕조의 마지막 운명을 쥔 계룡산 중악단

계룡산 중악단은 수만 년 내려오는 우리나라 산신신앙의 메카이다. 중악단은 신원시 옆에 있다. 연천봉連天峰 맥이 한 자락 끝으로 떨어진 곳이다. 계룡산은 동서남북 사방에 기도처가 있다. 그중에서도 남쪽으로 바위맥이 강하게 내려온다. 계룡산은 남쪽 측면이 가장 기가 강하게 온다. 중악단은 이 남쪽 사이드이다. 중악단의 산신령은 그 상호가 특이하다. 보통 산신령의 모습이 아니다. 임금님 옷을 입고 있다. 군왕의 모습이다. 구한말에 명성황후가 여기에 와서 기도를 드렸다고 한다. 그래서 산신령 모습이 임금님처럼 생겼다. 한반도에 있는 수많은 산신각 중에서 단연 으뜸이 중악단의 산신령이다. 왕실에서 모셨기 때문이다.

구전에 의하면 명성황후가 중악단에서 기도하다가 태몽을 꾸고 태어난 인물이 바로 순종이라고 한다. 민심이 혼란하고 주변의 여러 강대국들이 나라를 집어먹으려고 하던 어수선한 시대에, 여자인 명성황후가 정신적으로 의지했던 기도처는 중악단이다.

수령 300년의 화엄사 홍매화. 조선시대 숙종 때 각황전 중건을 기념하기 위해 심었다

화엄사 뒤로 노고단 자락이 이어진다

특히 계룡산은 요주의 산이기도 했다. 이씨 조선을 멸망시키고 새롭게 들어서는 정씨 왕조, 즉 정도령이 계룡산에서 나온다는 풍수도참이 전해져 온 탓이다.《정감록》의 중심 지역이 계룡산이다. 따라서 조선왕실에서는 계룡산을 요시찰할 수밖에 없었는데, 중악단은 조선왕실의 신앙적 의지처이기도 했던 것이다. 왕건도 명산의 산신령한테 빌었고, 조선왕조도 마지막이 되니까 계룡산 산신령에게 빌었다. 중악단은 조선왕조의 마지막 운명을 쥐고 있었던 산신령이기도 하다.

지리산 하악단은 터만 남았고 다른 건물이 들어서 있지 않다. 하악단은 노고단에서 내려온 봉황의 머리 부분에 자리 잡은 터다. 봉황의 두 눈에 해당하는 조그마한 샘물도 있다. 언뜻 봐서는 비범한 장소처럼 보이지 않는다. 그저 평범한 산중턱에 불과한 것 같다. 노고단 정상 부분도 평평한 지형이라서 삼신할머니에게 제사 지내는 단의 역할을 했겠지만, 해발 1,500m에 달하는 고지대여서 평소에는 화엄사 뒤의 하악단에서 제사를 지내기가 용이했으리라고 추측된다.

그리고 연기 조사 어머니를 모셨다고 하는 사사자석탑四獅子石塔의 여인상도 연기 조사 어머니가 아니라 삼신할머니가 아닌가 싶다. 아무리 효성이 지극했더라도 속가의 어머니를 신격화해서 절의 석탑 안으로 모신다는 것은 상식에 맞지 않다고 본다. 노고단의 토착 여신인 삼신할머니를 모셨다고 보는 게 상황에 부합된다.

지리산 동쪽의 천왕봉 밑에도 성모상聖母像이 있는데, 이 성모상 역시 삼신할머니를 모신 흔적이다. 삼신할머니는 한국 페미니즘의 시원이자 원형이다.

지리산의 사찰은 어느 한 곳 허투루 있지 않다

지리산이 세계적인 명산에 해당한다는 사실을 나이 50이 넘어서야 알게 됐다. 남의 나라

산만 좋은 줄 알고 있다가, 조국의 산이 좋다는 사실을 알게 되기까지는 수업료가 필요했다. 역시 밖을 돌아봐야 안을 안다.

우선 지리산은 둘레가 길다. 꼬불꼬불 마을 길을 따라서 한바퀴 돌려면 그 거리가 700~800리는 되는 것 같다. 한눈에 파악이 안될 정도로 넓은 것이다. 산이나 사람이나 한눈에 파악되면 재미가 적은 법이다. 파도 파도 계속 밑천이 떨어지지 않고 나오는 산이 지리산이다. 산의 높이도 적당히 높다. 2,500m가 넘어가면 사람 살기가 어렵다. 히말라야의 4,000~5,000m 설산은 보기에는 좋지만 인간이 살기는 어렵다. 이에 비해 지리산은 1,000m가 조금 넘는 봉우리가 수두룩하다. 또 골짜기마다 물도 좋다. 다 약수 아닌가. 먹을 것도 많다. 육산이라 그렇다. 옛 사람들은 지리산을 식산食山이라 불렀다. 속세에서 쫓기던 사람들이 지리산에 오면 굶어 죽지 않았다. 약초가 널려 있고 산짐승들도 적당히 많았다. 인삼 빼고는 다 있다는 산 아닌가!

지리산의 서쪽에는 전남 구례가 있다. 이른 봄에는 산수유가 노랗게 핀다. 이른 봄의 정취를 알려주는 게 산수유다. 몸에 좋은 열매다. 구례에는 이름난 명천名泉이 많은데, 이들 샘물 속에 산수유 뿌리가 뻗어 있어서 장수하는 사람이 많다는 이야기가 있다. 나이가 들면 물 좋은 데 가서 살아야 한다.

산수유철이 지나면 찻잎을 딸 때가 온다. 지리산 남쪽 경남 하동 화개는 녹차로 유명하다. 화개 골짜기를 스멀스멀 타고 들어온 섬진강 물안개가 찻잎에 자양분을 준다. 찻잎은 안개와 이슬을 먹어야 고급이다.

지리산 남쪽 화개가 차茶라고 한다면, 북쪽에는 뭐가 있는가? 옻나무다. 지리산 북쪽 함양 마천 쪽에는 옻나무가 많다. 손발이 찰 때 옻닭이 최고 아닌가. 옻칠이야말로 수백 년이 지나도 나무를 썩지 않게 만들어주는 최고의 '페인트'다. 스님들 밥그릇인 발우는 옻을 먹여야 명품이 된다.

지리산 화엄사

실상사

법계사

지리산을 감싸며 흐르는 섬진강

다솔사

쌍계사 불일폭포

쌍계사 석불

지리산 동쪽이 산청이다. 산청에는 뭐가 있는가. 곶감이다. 여기 곶감이 달고 '개미(감칠맛을 뜻하는 전남 방언)'가 있다. 옛날 사랑방에 장작불 때 놓고 둘러앉아 먹었던 최고의 음식이 산청곶감이다.

지리산에는 동서남북과 가운데에 사찰이 있다. 동쪽에는 대원사가 있고, 서쪽에는 화엄사가 있다. 북쪽에는 실상사가 있고, 한가운데에는 법계사法界寺가 있다. 남쪽에는 쌍계사가 있는 줄 알았더니만, 지리산 전문가에 의하면 진주 다솔사(현 주소지는 사천시 곤명면에 속하나 예전엔 진주에 포함됨)를 지리산의 남방 사찰로 본다. 지리산에 사찰을 창건한 연기緣起 조사는 3개의 사찰을 세웠다고 전해진다. 서쪽의 화엄사, 천왕봉 밑의 법계사, 그리고 동쪽의 대원사이다. 연기 조사가 세운 3개의 절에는 각기 석탑이 있다. 화엄사에는 네 마리의 사자가 삼신할머니를 옹립하고 있는 형상의 사사자석탑이 있고, 법계사에도 역시 석탑이 있고, 대원사에도 오래된 석탑이 있다.

고승들이 석탑을 세우는 자리는 터의

기운이 너무 센 지점이거나 아니면 너무 약한 지점이다. 비보용神補用인 것이다. 센 터에 석탑을 세우면 터의 기운을 눌러주고 약한 지점에 세우면 기운을 보강해주는 작용을 한다. 지리산 도사들의 주장에 의하면 지리산에 번개가 치면 그 기운이 가장 높은 봉우리인 천왕봉에 꽂힌다고 한다. 천왕봉에 떨어진 번개의 에너지는 법계사로 다시 전해진다. 당구의 '쓰리 쿠션'과 같다.

법계사는 해발 1,450m의 높이에 있다. 한강 이남에서는 가장 높은 지점에 자리 잡은 사찰이다. 그러니까 이름도 법계法界이다. 신성한 공간이란 뜻이다. 법계사에 선달된 번개의 기운은 다시 한 번 반사되어 문창대文昌台 바위로 떨어진다. 하늘의 문창성文昌星 기운이 뭉쳐 있는 곳이 문창대이다. 문장과 학문을 상징하는 별이다. 천왕봉에서 법계사로 떨어진 번개의 기운은 동서남북 네 군데의 사찰을 돌아다니면서 기운을 전달해준다. 번개는 지상에서 가장 강력한 기운이다. 서양에서도 '토르'라고 해서 번개를 망치로 상징한다. 이처럼 지리산의 다섯 군데 사찰이 수화목금토의 형상으로 존재하고, 이 오행이 서로 상생 상극한다는 이론체계를 수립한 인물이 누구일까.

진주 다솔사는 사천만을 통해 배를 타고 해로로 접근할 수 있는 절이었다. 물류의 거점이기도 해 풍요로운 절이었다고 여겨진다. 그래서 조선시대 반체제 승려들의 비밀결사 조직인 당취들의 아지트였다. 다솔사 인근에는 서봉사瑞鳳寺라는 절이 있었는데, 다솔사에는 무술을 좋아하는 무승武僧들이 거처했고, 서봉사엔 학문과 이론을 좋아하는 문승文僧들이 머물렀다. 이 서봉사 문승들이 지리산 오행사찰 이론을 만들어냈다고 한다.

지리산의 사찰은 어느 한 곳 허투루 있지 않다. 고봉 준령의 영기가 사찰로 모이고, 안간힘으로 살아남으려던 선인들의 피땀이 골짜기와 계곡마다 서려 있다. 지리산의 영험함은 여기에서 나온다. 세파에 흐물흐물해진 정신을 씻어내는 지리산을 품어보라. ⛰

시루떡처럼
켜켜이 쌓인
이야기의 보물창고

지리산 칠불사

조선시대에 지리산은 첩첩산중의 해방구였다. 지리산으로 도망가면 잡기가 힘들었다. 온갖 사연 있는 인생들이 지리산으로 들어와 숨어 살기가 가능했다. 특히 죄를 지은 범죄자가 스스로 머리 깎고 승려옷을 입고 다니는 경우가 있었다. 가짜 승려였다. 이들을 색출해내려고 이 당재에서 당취들이 지켰다는 것이다. 당취들의 목표가 가짜 승려 색출에만 있지는 않았다. 다른 목적도 있었다. 토색질을 일삼는 탐관오리나 소작농들을 착취하는 부자들이 이 고개를 넘어가면 공격했으리라고 본다. 지리산은 흥미진진한 이야기가 시루떡처럼 켜켜이 쌓여 있는 보물창고다.

당재길

당취는 조선시대 승려들의 지하비밀 결사結社 조직을 일컫는 용어다. 당취는 서민들을 착취하는 양반이나 부자, 벼슬아치들을 응징하는 조직이었다. 또 하나의 역할은 가짜 승려들을 색출해서 징벌하는 일이었다. 조선시대에는 범죄를 저지르거나 또는 부역을 피해서 가짜 승려로 위장하는 경우가 많았다. 머리 깎고 승복을 걸치고 깊은 산에 들어와버리면 치외법권 지대에 속한 셈이라 진짜 승려들이 피해를 볼 수 있었다.

당취는 아주 비밀스러운 결사조직이었다. 조선은 산악국가였다. 국토의 대부분이 산이고, 산봉우리마다 절과 암자가 있었다. 이 산골짜기의 절과 암자를 다니려면 오로지 걸어다니는 수밖에 없었다. 우마차가 다닐 수 있는 큰 도로가 산길에는 없었다. 괴나리봇짐을 진 보부상이나 승려들만이 전국 산골짜기에 그물코처럼 연결된 산길들을 자유스럽게 돌아다녔다.

일반인은 과거시험이나 보지 않으면 여행 다닐 일도 없었다. 그러니 당취에 소속된 승려들의 행적을 관官에서 파악하기란 거의 불가능했다. 승려들은 당취에 입회할 때 조직의 비밀을 죽어도 누설하지 않는다는 피의 맹세의식을 치렀다. 조직 형태는 점조직이었다. 설령 누가 하나 잡혀서 조직의 계보를 털어놓아도 주변 사람 서너 명에 그칠 뿐, 전체적인 조직의 움직임은 알 수가 없었다. 당취를 일망타진하기가 어려웠던 이유이다.

그런데 조선시대에 도를 닦아야 할 승려들이 왜 이런 마피아 같은 조직을 형성했을까? 억불抑佛 정책 때문이었다. 고려시대 때까지만 하더라도 큰 기와집에서 시주받으며 살던 성직자 계급인 승려들이 조선시대에 들어와 갑자기 천민으로 격하된 것이다. 조선시대 승려는 팔천八賤 가운데 하나였다. 사노비·승려·백정·무당·광대·상여꾼·기생·공장工匠이 8개의 천민계급이었다.

고려 때 귀족계급이었던 승려를 팔천에 포함시킨 것은 엄청난 탄압이었다. 불교를 믿던 동아시아에서 국가 시책으로 승려를 천민계급으로 강등시킨 사례는 조선이 유일하다. 중국과 일본에도 없었다. 일본에서는 무사(사무라이) 다음의 귀족계급이 승려였다. 일본은 중세부터 지금까지 불교국가라고 해도 과언이 아니다.

　　이런 조선조의 푸대접에 대항해 자생적으로 생겨난 불교의 비밀 결사조직이 당취이다. 그럼 당취는 언제부터 생겼을까? 이를 알려줄 자료는 없다. 추정하건대, 명종의 어머니 문정왕후의 지원을 받아 승과를 부활시켰던 승려 허응당虛應堂 보우普雨와 관련이 깊다. 후원자인 문정왕후가 죽자 보우는 유생들의 압박으로 제주도로 유배가 결국 장살杖殺당했다. 보우가 죽고 나서 불교 탄압이 더욱 심해지자 그즈음에 당취가 생겨난 것이 아닌가 싶다. 승려가 될 수 있었던 공식 통로인 승과제僧科制가 폐지됐기 때문이다.

칠불사와 당재

지리산에 칠불사七佛寺가 있다. 해발 750m의 칠불사는 반야봉 줄기 아래에 있는 고찰이다. 가야국 김수로왕의 7왕자가 여기에서 도를 닦고 모두 부처가 됐다는 명당 절이다. 여름에는 시원해서 좋다. 칠불사 요사채에서 일주일 정도 머무르며 주지인 도응 스님과 2천 년 동안 켜켜이 쌓인 이야기들을 주고받았다.

　　"정면에 보이는 허리가 잘록한 고개가 '당재'이고, 왼쪽으로 보이는 고개는 '내당재'라고 부릅니다."

　　"당재는 무슨 뜻입니까?"

　　"당취들이 저 두 고개에서 지키고 있다가 검문검색을 했다는 것이죠. 지리산 일대에서 돌아다니던 불법 승려들을 검문검색했다고 전해지고 있습니다."

　　나는 20여 년 전부터 전국 이곳저곳에서 당취에 대한 이야기들을 한 조각씩 수집해오고 있었는데, 지리산에 와서 당취들이 활동했던 지명 정보를 확실하게 듣게 된 것이다.

칠불사

농평마을

목통마을

칠불사에서 당재를 넘어가면 피아골, 연곡사 쪽이 나온다. 전남 구례求禮 쪽과 경남 하동 화개花開 계곡과의 연결통로가 당재였다. 칠불사 쪽에서 당재를 넘어가 보니 농평·당치 마을이 나온다. 농평에는 노호농골(老狐弄骨, 늙은 여우가 뼈다귀를 가지고 놀다) 형국의 명당이 있다고 알려진 곳이라서 옛날부터 《정감록》을 신봉한 비결파秘訣派들이 이 노호농골 터를 찾아 많이 모여들었다. 지리산에 있는 '당재'라는 지명이 상상력을 자극했다. 지하조직인 당취에 대한 자료는 거의 남아 있지 않다. 당취 본인들이 기록을 남겼을 리 없고, 유생들이 이들의 행적을 남긴 기록도 없다. 오직 만학천봉(萬壑千峰, 첩첩이 겹친 골짜기와 수많은 봉우리)에 울려 퍼지는 메아리처럼 구전만이 골짜기에서 골짜기로 전해져 나의 귀에 도달할 뿐이다. 그 구전도 세간 사람들은 잘 모른다. 깊은 산속의 노장스님들 사이에서나 전해질 뿐이다. 그래서 당취에 대한 어떤 실마리를 잡기가 정말 어렵다.

그런데 칠불사에서 바라보면 두 개의 당재가 있다. 당취들의 자취를 확실하게 보여주는 물증이 아닐 수 없다. 당취들이 길목을 지키면서 지나가던 승려들을 검문 검색했다는 고개가 바로 당재인 것이다. 칠불사의 외백호에 해당하는 산인 불모장등佛母長燈 자락은 서쪽에서 불어오는 바람을 막아주는 고개다. 탁자처럼 평평한 토체土體의 형국이다. 불모장등의 왼쪽 끝자락은 잘록하게 들어갔다. 잘록한 고개가 당재다. 해발 1,000m가 넘는 산자락에서 이 잘록한 지점은 해발 500~600m쯤 돼 보인다. 불모장등보다 400~500m가 낮으니까 고갯길을 넘어가기 쉽다. 칠불사에서 목통마을을 지나 걸어가면 1시간 남짓 걸릴까. 이 당재를 넘

으면 피아골과 연곡사가 나온다. 전남 구례 쪽으로 넘어가는 길이다. 반대로 구례에서 지리산으로 넘어오는 고개이다. 여기에 검문소를 설치하면 아주 적합하다. 지리산을 통과하는 과객이나 보부상, 또는 승려들은 당재를 반드시 지나갈 수밖에 없었다. 당취들이 이 길목을 지키면서 지나가던 가짜 승려나 수배령이 떨어진 범죄자들을 검문검색했다고 한다.

지리산 가장 깊은 곳에 숨어 있는 절들

조선시대에 지리산은 첩첩산중의 해방구였다. 지리산으로 도망가면 잡기가 힘들었다. 온갖 사연 있는 인생들이 지리산으로 들어와 숨어 살기가 가능했다. 특히 죄를 지은 범죄자가 스스로 머리 깎고 승려옷을 입고 다니는 경우가 있었다. 가짜 승려였다. 이들을 색출해 내려고 당재에서 당취들이 지켰다는 것이다. 당취들의 목표가 가짜 승려 색출에만 있지는 않았다. 다른 목적도 있었다. 토색질을 일삼는 탐관오리나 소작농들을 착취하는 부자들이 이 고개를 넘어가면 공격했으리라고 본다.

조선시대 불교는 철저하게 을乙의 종교였다. 그래서 갑질을 일삼는 지배계층과 유생들에 대한 원한이 있었다. 그들이 이 고개를 넘어가면 가만두지 않았을 것이다. 그들을 공격한 다음 산속에 숨어버리면 공권력이 이들을 체포하기도 어렵다. 이 골짜기 저 골짜기의 산길로만 전국 팔도를 돌아다니는데 당취들을 어떻게 잡을 수 있겠는가. 뿐만 아니라 전국의 수천 개 사찰과 암자의 승려들 사이에는 비밀 연락책이 있었다. 나름대로 네트워킹이 작동했다고 여겨진다.

당재 고개에 올라보니 당재 밑으로는 농평이 있고, 농평 밑으로는 '당취마을'이라는 동네가 나온다. 당취마을에는 아마도 당취들과 관계된 사람들이 모여 살았을 가능성이 높다. 독신이 많았겠지만 일부 당취들은 처자식을 거느렸을 수도 있다. 이곳은 은신하기에 적합한 지점이다. 외부에서 공격해오면 탈출하기에도 유리하다. 만약 구례 쪽에서 관군이 들이닥치면 당취마을에 살던 당취들은 당재를 넘어서 지리산 중심부로 도망갈 수 있다. 전라도 쪽에서 당재를 넘어오면 목통골을 거쳐서 칠불사로 가거나, 아니면 칠불사를 거치지 않고 의신사義神寺로 가는 고개를 넘을 수도 있다.

칠불사에서 의신사로 가는 고개 역시 잘록하게 들어간 곳이다. 당재에서 바라보면 거의 일직선상에 이 고개가 보인다. '내당재'라고 부르는 고개다. 내당재를 넘으면 의신사에 도착한다. 의신사는 지리산 당취의 본부가 있던 절이다. 그러니까 지리산의 당취 대장이 머무르던 절이다. 당취들이 가짜 승려를 잡아서 데려간 곳이 바로 의신사였다고 전해진다. 지리산에는 삼신사三神寺가 있나. 의신사·신흥사神興寺·영신사靈神寺가 그곳이다. 지리산의 가장 깊은 지점에 자리한 절들이다. 그 요새 같은 지점에 당취 대장이 머무르는 의신사가 있었다.

지리산의 가장 깊숙한 요새에 옳을 의義가 있다

당취에게는 3가지 참회가 있었다. 변산참회·지리산참회·금강산참회가 그것이다. 변산참회는 착취를 많이 한 나쁜 사람을 잡아다 볼기를 때리는 참회다. 지리산참회는 두들겨 패서 불구를 만드는 것이다. 금강산참회는 죽여버리는 일이었다.

원래 참회라는 말은 잘못을 반성한다는 뜻이다. 당취들이 잡아온 악당들을 벌주는 방법이 바로 '참회'였다. 참회는 미륵불을 만나기 위한 방법이기도 했다. 미륵불을 친견親見하려면 자기 마음을 닦아야 가능했다. 마음을 닦는다는 것은 눈물을 흘리며 자기의 지난 과오를 반성하는 일이다. 그 반성이 참회이다. 미륵불을 신봉했던 불교의 반체제 집단

인 당취들은 참회라는 방식을 선호했다. 한국 미륵신앙의 종조宗祖인 진표 율사도 전북 변산 '부사의방'에서 팔다리가 떨어져 나갈 정도로 심한 오체투지五體投地를 하며 참회했다. 변산 당취들이 미륵신앙 본거지인 고창 선운사로 가기 전에 들르는 조그만 암자가 바로 참당암懺堂菴이었다. 참당암은 '참회하는 암자'라는 의미다.

참회는 단계별로 등급과 강도가 달랐다. 그러니까 변산에 살았던 당취는 가장 가벼운 벌을 주었고, 그다음 강도가 센 곳이 지리산이었다. 갈비뼈를 부러뜨리거나 다리를 분질러서 걷지 못하게 했으니 말이다. 가장 강력한 무력을 보유했던 당취 부대가 거주했던 곳이 금강산이었다. 금강산에서는 잡아온 부자들이나 범죄자를 무조건 사형시켰다고 전해진다. 지리산참회는 의신사義神寺에서 이루어졌지 않았나 싶다. 왜냐하면 지리산 당취의 본부가 바로 의신사였기 때문이다. 절 이름에도 '옳을 의義'자가 들어간다. 의기가 펄펄해서 그런 이름이 붙었을까? 의신사는 지리산의 가장 깊숙한 요새 같은 지점에 자리 잡고 있다. 그래서 접근하기가 힘들다. 지금은 도로가 뚫렸지만 과거에는 계곡 옆의 바윗길을 걸어가야만 했다. 커다란 바위들이 곳곳에 바리케이드처럼 진을 쳐 당취 몇 명이 지키면 수십 명을 상대할 수 있는 게 지형적 이점이었다.

흔히 요새 같은 지형이라고 하면 절벽 밑에 자리 잡은 막다른 지점을 생각하기 쉽지만 의신사는 그렇지 않다. 길이 여러 군데로 뚫려 있다. 외부에서 공격해 들어올 때 퇴로가 적어도 3군데 이상이다. 평상시에는 경남 함양과 거창, 전북 남원 쪽에서 접근이 가능하다. 반대로 배를 타고 섬진강을 통해 이동한 후 경남 화개에 내려 도보로 들어올 수도 있다. 또 하나의 통로가 전남 구례와 연곡사·화엄사 쪽에서 당재를 넘어 들어오는 방법이다. 의신사에서 함양·거창 쪽으로 드나드는 산길이 있다. 이 산길을 넘으면 삼정마을이 나오고, 삼정마을을 지나면 벽소령 고개가 나타난다. 이 벽소령을 넘으면 바로 함양이고, 함양 다음에는 거창, 그리고 더 가면 경북 상주까지 이어진다. 의신사에서 칠불사로 건너올 때는 '내당재'를 넘는다. 내당재를 건너면 바로 칠불사이고, 칠불사에서 목통골로 가는 고개를 넘으면 목통골 뒤의 고개가 '당재'다. 당취들이 애용했던 고갯길인 '당재'와 '내당재' 2개의 지명이 현재까지 남아 있는 셈이다.

의신사는 지리산을 남북으로 횡단하는 물류의 중간 지점이기도 했다. 함양·거창·남원에서 벽소령을 넘어 삼정마을을 거쳐 의신사를 지난다. 의신사에서 신흥사 쪽으로 산길을 타고 화개로 걸어가면 유명한 화개장터가 나온다. 이 화개장터로 남해와 섬진강을 통해 해산물이 선박에 실려왔다. 미역과 생선, 말린 건어물이 남해 쪽에서 실려왔고, 반대로 함양·거창·남원 쪽에서는 쌀과 보리가 넘어왔다. 사람들이 쌀보리와 콩 자루를 등에 메고 벽소령을 넘어 화개에 도달했던 것이다. 화개장터에서는 이처럼 지리산 남북의 물물이 교환됐다. 남원·함양에서 온 쌀과 남해에서 올라온 소금이 맞바뀌었던 것이다.

중국의 오지인 윈난성에는 보이차를 싣고 히말라야를 넘어서 티베트의 말과 교환했던 '차마고도茶馬古道'가 있다. 그처럼 지리산에도 '미염산도米鹽山道'가 있었다고 생각된다. 추측하건대, 지리산 당취들이 쌀과 소금의 교역로인 미염산도를 장악하고, 그 치안을 담당해주는 대가로 수수료를 징수하지 않았나 싶다. 지리산 오지에 사는 당취들도 먹어야 살았을 것 아닌가! 이처럼 지리산은 흥미진진한 이야기가 시루떡처럼 켜켜이 쌓여 있는 보물창고다. ▲▲

나는 물미역을 먹을 때

파도 소리와

갈매기와

수평선을 생각한다.

_ 법정

서산 대사를 키운
지리산의 심장부

지리산 원통암

圓通庵

해발 700m에 자리한 원통암은 청학이 알을 품는다는 청학포란靑鶴抱卵의 명당이라고 알려진 곳이다. 원통
암 뒤의 봉우리가 도덕봉인데, 이 도덕봉의 꼭대기 부분이 바위로 되어 있다. 멀리서 보면 도덕봉 꼭대기의
바위 부분이 청학의 머리에 해당하고, 도덕봉 양옆의 봉우리 형태가 청학이 적당하게 날개를 펴고 있는 모
습으로 보인다. 세나가 원통암은 좌청룡과 우백호가 서너 겹으로 거듭 둘러싸고 있다. 여러 겹으로 둘러쌀
수록 좋은 것으로 본다. 암자 터를 좌우에서 봉우리들이 겹겹이 쌓아줄수록 기운이 밖으로 새지 않고 보존
된다. 원통암은 이러한 명당의 조건을 갖춘 암자이다.

지리산 둘레길 가운데 가장 아름다운 '서산대사 길'

서산西山 대사가 조선조 승려들의 비밀결사 조직이었던 당취들의 총대장이었다고 한다면 수수께끼가 풀린다. 그 수수께끼는 임진왜란이다. 왜 승려들이 전쟁에 적극 참여하게 되었는가 하는 문제이다. 임진왜란(1592~1598년)의 주요 전투에서는 승군들이 큰 역할을 하였다. 사명四溟 대사가 대표적이고, 금산 전투에서 중봉 조헌과 함께 실질적인 전투에 앞장섰던 부대도 계룡산 갑사의 영규靈圭 대사가 이끌었던 승군이다. 복부에 일본군의 조총을 맞고 창자가 배 밖으로 튀어나온 영규 대사가 금산 전투 이후 아랫배를 손으로 움켜 쥐고 계룡산 갑사까지 걸어왔다는 이야기가 계룡산에 구전으로 전해진다.

　　행주대첩(1593년)에서도 총지휘는 권율이 했지만 왜군이 공격해 오는 정면 루트에는 뇌묵처영雷默處英이 지휘하는 승군들이 배치되어 있었다. 뇌묵처영은 서산 대사의 제자이다. 행주대첩도 승병들이 큰 역할을 했지만 기록에는 별로 나오지 않는다. 기록은 유생들이 남겼기 때문에 천대받던 계급인 승병의 역할에 대해서는 기록이 소략할 뿐이다. 하동 쪽에서 구례로 넘어오는 길목인 석주관石柱關에서도 정유재란(1597~1598년) 때 큰 전투가 벌어졌다. 진주성을 불태우고 전라도 쪽으로 올라오던 왜군에 맞서, 화엄사 승려 수백 명을 포함한 1,200여 명의 승병들이 치열한 전투를 벌였다. 보름 간의 결사항전이었다. 이 석주관 전투의 보복으로 왜군들은 구례 화엄사를 불 지르고 절에 남아 있던 노승과 동자승들까지 살육하였다.

서산 대사 진영

지리산 화엄사는 우리나라에서 주먹 센 장사 스님을 많이 배출한 절이다. 계룡산 갑사와 함께 화엄사는 터에서 올라오는 기운이 강해서 역대로 한주먹 하는 스님이 많았다. 1960~70년대까지만 하더라도 화엄사에 가서 술 먹고 행패 부리는 건달들은 화엄사의 주먹맛을 보고 참회를 해야만 하였다.

그렇다면 왜 승려들이 이처럼 치열하게 전쟁에 적극 참여하게 되었을까. 불교는 불살생의 종교이다. 살생을 아주 중요한 계율로 금한다. 살殺, 도盜, 음淫 아닌가. 불교는 왜 살생이라는 가장 큰 계율을 어기면서까지 전쟁에 가담하게 되었을까. 조국을 위해 진리를 버린 것인가? 필자가 품는 결정적 의문은 전쟁에 나가서 전투를 한다는 게 평소에 훈련되어 있지 않으면 불가능하다는 점 때문이다. 목이 떨어지고 피투성이가 되어 팔다리가 떨어져 나가고 창자가 터지는 살육의 현장에 나가서 칼과 창을 휘두른다는 게 과연 쉬운 일인가. 평소에 군사훈련, 아니면 중국 소림사의 무술승처럼 치열한 무술훈련을 받지 않으면 전쟁터에 갑자기 호출받고 나갈 수가 없다는 말이다.

승려들은 왜 창을 들었을까?

임진왜란의 승군 참여는 사전에 승려들이 조직화되어 있었고, 나름대로의 정신무장과 훈련이 되어 있었다고 추측할 수밖에 없다. 당시 일본도 불교국가였기 때문에 조선과 종교가 다른 것도 아니었다. 유럽의 십자군 전쟁은 종교가 달랐다. 일본도 조선 승려들에 대해 종교적 적대감은 없었다고 봐야 한다. 종교적 이유 때문에 붙을 이유는 없었다. 더군다나 조선 승려들은 억불정책으로 인하여 천민으로 계급이 강등된 상태였다. 국가로부터 착취나 당하고 있던 승려 계층이 무슨 책임감이 있다고 목숨을 내놓고 전쟁에 참여한단 말인가. 오히려 이 산 저 산의 깊은 산속 암자에 숨어 있기 좋은 계층이 조선의 중들이었다.

그런데 산속에 숨어서 목숨 부지하지 않고 전쟁에 참여한 점이 참 이상하다.

지리산 의신사에 소속된 암자가 31개쯤 있었다고 한다. 그 암자 중의 하나가 원통암圓通庵이다. 해발 700m에 자리한 원통암은 의신사에서 30~40분쯤 올라가면 나타난다. 청학이 알을 품는다는 청학포란靑鶴抱卵의 명당이라고 알려진 곳이었다. 원통암 뒤의 봉우리가 도덕봉인데, 꼭대기 부분이 바위로 되어 있다. 멀리서 보면 도덕봉 꼭대기의 바위 부분이 청학의 머리에 해당하고, 도덕봉 양옆의 봉우리 형태가 청학이 적당하게 날개를 펴고 있는 모습으로 보인다. 둥그런 형태의 봉우리 꼭대기에 날카로운 바위가 있으면 매나 독수리, 학으로 간주하고, 바위가 없이 그냥 둥그런 형태면 닭이나 봉황으로 본다. 도덕봉은 매나 독수리처럼 날카로운 바위는 아니고 그보다는 뭉툭한 바위에 해당하므로 청학으로 본 것 같다. 거기에다가 원통암은 좌청룡과 우백호가 서너 겹으로 거듭 둘러싸고 있다. 여러 겹으로 둘러쌀수록 좋은 것으로 본다. 두껍다는 이야기이다. 암자 터를 좌우에서 봉우리들이 겹겹이 쌓아줄수록 기운이 밖으로 새지 않고 보존된다. 이러한 명당의 조건을 갖춘 원통암에는 당시에 숭인장로崇仁長老가 머물고 있었다.

서산 대사가 과거에 낙방하고 친구들과 지리산에 놀러갔을 때 숭인장로는 15~16세 무렵의 청소년이었던 서산의 관상을 보고 "너는 머리를 깎고 중이 되는 게 좋겠다. 공문급제空門及第도 있다. 기골이 맑아서 중이 되면 깨달음을 얻을 상이다"는 칭찬을 하였다. 사람을 꿰뚫어보는 지인지감知人之鑑이 없으면 이런 이야기를 할 수 없다. 인재발굴이야말로 지도자의 최대 임무이다. 그러려면 관상과 골상을 보고 그 사람의 미래를 예측할 수 있는 신통력을 지니고 있어야 한다. 서산 대사를 한눈에 알아보고 발탁한 것은 숭인장로의 예지력과 도력을 엿볼 수 있는 대목이다. 이 숭인장로가 문제의 인물이다. 청소년 서산을 출가시킨 인물이기 때문이다. 숭인장로는 아마도 의신사의 조실(祖室, 사찰의 최고 어른)에 해당하는 식견과 경륜을 지닌 60~70대 어른 스님이었을 것이고, 지도사범으로 부용영관芙蓉靈觀에게 어린 서산의 공부를 맡겼던 것이 아닌가 싶다. 필자가 보기에 원통암이 자리 잡은 위치가 의신사의 조실스님이 머무를 만한 높이와 격국을 갖추었다는 말이다.

빗점골 옆의 '연암난야' 부용영관에게 5~6년 인턴 과정을 공부시킨 다음 서산이 21세가 되었을 때 다시 원통암의 숭인장로에게 데려와서 정식으로 머리를 깎게 하고 출가를 시킨다. 서산을 발굴하고 키우는 데 가장 큰 역할을 한 인물은 숭인장로인 것이다. 그렇다면 숭인장로는 서산 이전에 지리산에 모여 있던 지리산 당취의 정신적 지주였을 가능성이 높다. 조선의 억불정책에 반발하여 가장 먼저 당취를 결성한 세력이 금강산으로 옮겨 갔고, 그 다음 이를 지켜보다 '역시나 안 되겠구나' 하고 결성된 세력이 지리산으로 갔다. 앞에서 지리산에 모였던 당취 2중대 세력이 집중적으로 모여 있던 곳이 바로 의신사 일대였고, 의신사의 조실급 비중의 인물이 숭인장로였으며, 숭인장로가 머무르던 곳이 원통암이라는 게 필자의 추측이다.

장이불수와 수이부장의 자질을 갖춘 서산

이렇게 본다면 지리산 당취가 키워낸 인물이 서산 대사라는 말이 된다. 서산은 30대 초반에 서울에 가서 잠깐 부활했던 승과僧科에 급제한다. 승과도 일종의 과거 합격이다. 서산은 승과에 급제함으로써 지리산 당취라는 재야 세력의 뒷배와 서울 승과라는 제도권의 인증을 모두 획득하게 된다. 강호와 강단을 모두 통합할 수 있는 스펙을 획득한 셈이다. 말하자면 길거리 복싱 실력자가 UFC에도 나가서 챔피언이 된 경우라고 할까. 거기에다가 서산 대사는 '한소식'을 한 인물이다. 아무리 경전을 많이 보고 총명하고 승과급제를 했다고 해도 불교에서는 깨달음이라고 하는 '한소식'을 못 하면 카리스마가 발휘되지 않는다. 결정적인 한 방이 없는 것으로 본다.

원통암

원통암 입구

서산은 20대 어느 날에 봉성(鳳城, 현재의 구례)의 동네를 지나다가 초가지붕 위에서 우는 닭울음 소리를 듣고 한소식을 깨닫게 되었다. 깨달음을 구한 데다 승과급제까지 했으니 서산은 이후로 지리산은 물론 금강산을 비롯한 전국 명산에 흩어져 있던 당취들의 총대장이 될 수 있었다. 서산의 카리스마 앞에 아무리 힘이 세고 무술이 뛰어난 중이라 할지라도 엎드릴 수밖에 없었다. 그런 서산이었기에 당대의 불교계 인재들이 모여들었고, 이들에게 적절한 가르침을 전해주면서 서산 휘하로 기라성 같은 제자들이 배출될 수 있었다. 사명, 처영, 영규 등 서산 밑에서 배출된 제자들이 임진왜란의 전쟁터에서 결정적인 공을 세웠다는 것은 주지의 사실이다. 지하조직인 당취 대장으로서의 서산 대사라는 측면을 보지 못하면 임진왜란에서의 승군 참여를 선뜻 이해하기 어렵다.

지리산 당취를 규합한 이후에 서산은 금상산으로 갔다. 조선 초기에 입산하였던 강경파 당취들이 머물러 있던 산이 금강산이다. 이들 금강산파는 지리산파를 다소 내려다보는 입장이었지 싶다. 금강산 당취들은 '너희들 봐라, 결국 일찍 들어온 우리가 맞지 않았나!' 하는 우월감을 가지고 있었던 것으로 보인다. 서산은 금강산에도 머물렀다. 백화도인白華道人이라는 호는 금강산에서 지낼 때 사용하던 호이다. 금강산을 접수하고 다시 지리산에 되돌아와 머물기도 했지만, 말년에는 이북의 묘향산에 머물렀다. 말년이라고 하면 대략 60대부터이지 않나 싶다.

서산은 산을 평가할 때 장壯과 수秀라는 개

념으로 기준을 삼았다. 장은 두껍고 육중한 느낌이고, 수는 날카롭고 호기로운 느낌이다. 서산은 지리산에 대해서 장이불수壯而不秀라고 보았고, 금강산에 대해서는 수이부장秀而不壯이라고 보았다. 장엄하되 빼어난 기운이 좀 덜한 산이 지리산이고, 아주 기백이 있고 빼어나기는 하되 육중한 맛이 좀 덜한 산을 금강산으로 본 것이다. 이는 당취들이 지녀야 할 두 가지 자질을 이야기한 것인 듯하다. 제대로 된 당취가 되려면 양쪽 기운을 모두 갖춰야 한다는 말이다. 그런데 묘향산에 대한 서산의 평가는 후하다. 묘향산은 장이수壯而秀라고 보았다. 지리산의 장점과 금강산의 장점을 모두 다 갖춘 산이 묘향산이라는 이야기인데, 묘향산의 어떤 점을 그렇게 높이 평가했을까. 묘향산은 해발 1,909m로 상당히 높은 산이다.

서산이 말년에 묘향산에 머물렀다는 것은 북쪽 지역에 산재해 있던 당취들을 규합하는 차원이었는지도 모른다. 그러면서 가장 안전한 산이라고 보았을 가능성이 높다. 임진왜란 때 왜병들이 평양까지 점령하였다. 그러나 묘향산은 위도상으로 평양보다 훨씬 위에 있다. 왜병으로부터 안전한 지점이었다. 임진왜란 발발 당시에 70대였던 서산은 묘향산에 있었다. 이것도 미리 내다본 선택이었다고 여겨진다. 일본의 조선 침략을 미리 내다본 착점이었다. 서산 대사를 비롯한 당시 불교계에서 한소식을 한 고승들은 일본이 쳐들어올 것을 미리 알았을 가능성이 높다. 말하자면 서산은 미리 침략 대비를 하고 있었던 것이다. 결국 서산은 묘향산에서 임진왜란 승병을 총지휘하였다.

첩첩산중 한가운데 자리 잡은 요새

의신마을 뒷길로 산길을 따라 올라가면 서산 대사가 정식으로 머리를 깎고 계를 받아 승려가 된 원통암이 나온다. 원통암으로 올라가는 도중에 고개를 돌려 앞산을 보니 산의 형태가 더 완연하게 눈에 들어온다. 의신사의 앞산이기도 하다. 좀 더 높은 지점에서 보면 앞산의 모습이 더 잘 보인다. 앞산의 허리 잘록한 부분이 '내당재'이다. 내당재를 넘어가면 또 하나의 고갯마루가 나타나고 그 고개 이름이 '외당재'이다. '당재'라는 이름은 '당취들이 지키던 고개'로 해석된다. 그러니까 의신사를 가장 앞에서 지키는 고개 이름이 내당재이고, 그 너머로 바깥에 있던 방어 라인이 외당재인 셈이다. 당취 본부였던 의신사를 이중으로 지키던 내성內城과 외성外城의 개념이었다. 칠불사 쪽에서 내당재와 외당재를 보면 언뜻 이해가 되지 않지만 의신사(의신마을) 터에서 정면을 바라보면 바로 앞에 있는 고개들이니까 이해가 된다.

서산 대사 이후로 지리산 당취의 본부 역할을 했던 의신사의 지정학적 위치는 절묘하다. 지리산의 가장 중심부에 해당하는 지점이다. 그야말로 첩첩산중이다. 원봉임으로 올라가는 길에서 의신사의 요새적 이점을 파악해보았다. 역시 필드가 선생이다. 현장에 와서 보니 이해가 된다. 의신사에서 내당재를 넘고 외당재를 넘으면 피아골 쪽의 농평 마을이 나온다. 농평은 비결서에 '노호농골老狐弄骨'의 명당이 있었다고 해서 유명한 마을이다. 늙은 여우가 해골 가지고 노는 명당이 있다는 뜻이다. 농평을 지나 섬진강 옆의 길을 따라 서쪽으로 가면 구례가 나온다. 조선시대 지리산 동쪽의 산청이나 하동보다도 먹을 것이 풍부했던 동네가 구례이다. 서산은 지리산에 있을 때 당재를 넘어 구례를 왕래하였다. 구례는 옛날에 봉성鳳城이라고 불렸다. 구례 읍내 가운데에 봉성산이 있다. 서산이 깨날음을 얻게 되는 새기를 세공하는 닭울음 소리도 구례에서 들은 것 이닌기.

불가에서는 타성일편打成一片을 이야기한다. 화두나 혹은 어떤 생각에 사로잡혀 전혀 다른 생각이 들지 않는 집중된 심리 상태를 가리킨다. 다른 생각은 들지 않고 오로지 화두만 생각나는 상태를 의단疑團이 형성되었다고 한다. 이 의단의 상태에서 어떤 소리가 들리면 의단이 깨지면서 한소식을 얻는다. 치열한 긴장 상태에서 갑자기 소리를 듣고 이완이 되는 것이다. 서산이 구례의 마을을 지나면서 낮에 닭울음 소리를 듣고 깨쳤다는 것은 이를 가리킨다. 선사들의 어록을 읽어 보면 대나무에 돌멩이가 '딱-' 하고 부딪치는 소리를 듣고 깨쳤다는 일화도 전해진다. 고대 그리스의 수학자인 아르키메데스가 목욕하러 목욕탕에 들어갔다가 '유레카' 하고 깨쳤다는 일화도 비슷한 맥락이라고 생각된다. 따뜻한 목욕물에 들어가는 그 순간에 팽팽했던 긴장에서 이완으로 전환된 것이다. 봉성, 즉 구례에서 서산이 깨쳤다는 것은 원통암이나 의신사에서 주로 다녔던 통로가 내당재와 외당재였다는 사실을 의미한다.

서산이 머리를 깎은 원통암은 지리산 당취의 중심인 의신사의 조실스님이 머무르던 암자였다. 그만큼 지리산 깊숙한 요새 지형에 해당한다. 지리산 당취의 젖줄을 먹고 성장했던 서산은 승과 합격 후부터 자의 반 타의 반 본격적으로 금강산과 묘향산을 비롯한 전국의 당취를 규합하였다. 간판스타 서산의 지휘 아래 있었던 당취 조직은 임진왜란이 발발하자 반정부 활동이 아닌 왜군과의 전쟁터에 투입된다. 당취가 조선왕조 붕괴라는 체제전복에 동원되지 않고 왜적과의 전쟁에 투입될 수 있었던 배경에는 서산의 역할이 지대하였다. 이 점이 참 묘하다. 서산 대사 이후로 당취들은 조선 말기까지 명맥을 이어갔다. 세상은 몇 번이고 바뀌었으나 지리산 골짜기의 녹색 신록은 천 년 전이나 지금이나 푸르기만 하다.

모든 것이 변하는 세상이지만 이 불변不變의 청산靑山이 존재한다는 게 마음을 안정시켜준다. 화엄사 뒤 산자락에 자리한 봉천암鳳泉菴 암주에게서 '차나 한잔 하자'는 연락을 받았다. 산길을 오르는데 상추, 쑥갓, 고추, 아욱, 부추(정구지), 더덕이 자라는 채마밭이 이어진다. 공양주 보살이 밀짚모자를 쓰고 상추를 뜯고 있는 모습을 보니 마음이 고향에 온 듯하다. 왜 이렇게 한가하단 말인가! ⛰

지리산 빗점골
나무집에서 25년째
수행 중인 스님

영신대, 신흥사, 의신사에 모두 신神 자가 들어간다고 해서 삼신동三神洞이다. 삼신동이라는 이름은 고운 최치원이 붙여놓았다. 사람이 신기가 없으면 물질과 헛된 벼슬에 집착한다. 이 세상에 돈과 권력이 전부인 것이다. 신기 있는 사람은 대자연과 물아일체감을 느낀다. 돈과 권력보다도 더 높은 곳에 있는 행복이 대자연과 합일하는 것이다. 물아일체의 경지에 도달하려면 신기의 개발과 축적이 절대적으로 필요하다. 아무 데서나 신기가 개발되는 게 아니다. 신령한 땅에서 가능하다. 조상들은 그 땅이 삼신동이라고 생각했다.

난야蘭若는 조그만 토굴을 의미한다. 산스크리트어 아란야(阿蘭若, aranya)에서 온 말이다. 격식을 갖춘 사찰이 아니고 독신 수행자가 비와 추위를 가릴 수 있도록 최소한의 시설만 갖춘 조용한 수행터를 가리킨다. 연암난야는 의신마을에서 조금 더 올라가면 있다. 난야를 이야기하기 위해서는 이 근방의 역사적·불교사적 의미를 짚어볼 필요가 있다. 역사와 맥락을 알아야만 숨어 있던 의미가 비로소 드러난다.

경남 하동의 화개장터에서 지리산 계곡을 따라 대략 12km쯤 올라가면 의신마을이 나타난다. 지리산의 한복판이라고 할 수 있다. 의신마을에서 북쪽으로 더 올라가면 벽소령이 나타나고 벽소령을 넘으면 함양이 나온다. 또한 벽소령에서는 남원으로도 통하는 길이 있다. 하동·광양 일대에서 바닷가의 생선과 소금을 배에 싣고 섬진강을 따라 화개장터에 도착하면, 여기에 기다리고 있던 함양과 남원의 봇짐장수 늘과 조우하게 된다. 남원·함양에서는 쌀을 비롯한 곡식을 가지고 온다. 바닷가의 해산물과 육지의 농산물이 맞교환되었다. 화개장터에서 말린 생선과 소금을 등짐으로 메고 지리산 고개를 남쪽에서 북쪽으로 넘어가다 보면 꼭 거치게 되는 장소가 바로 의신마을이었다.

지금은 의신의 한자가 '義信'으로 되어 있지만 원래는 '義神'이었다. '의로운 신명神明'이라는 뜻이다. 이때의 神은 '귀신'이라는 부정적 의미보다는 '영혼' 또는 '정신세계'를 의미한다. 긍정적인 의미이다. 의신마을에는 18세기까지 의신사義神寺라는 큰 절이 있었다. 의신사가 중요한 이유는 바로 이곳에 당취들의 본부가 있었기 때문이다. 이씨 조선왕조를 혐오했던 반체제 불교 승려들의 비밀결사가 바로 당취다. 의신사는 조선의 남쪽 지방의 당취를 총지휘하는 본부사찰이었다는 게 필자가 그동안 조사한 결론이다. 북쪽 지방을 관할했던 당취 본부가 금강산에 있었다고 한다면 남쪽은 지리산이었고, 바로 지리산 중에서도 의신사였던 것이다. 의신사 주변으로는 현재도 고개 이름으로 내당재가 있고 외당재가 있다. 당취들이 그만큼 뻔질나게 드나들었던 자취가 남아 있는 것이다. 의신사가 조선 후기에 폐사되면서 지금의 의신마을이 자리 잡게 되었다.

돈과 권력보다 높은 곳에 있는 것

의신마을에서 바라다보면 잘생긴 유두봉乳頭峰이 하나 보인다. 꼭 사람의 젖꼭지 모양으로 생긴 봉우리다. 산꾼들은 이 유두봉을 단천 독바위라고 부르기도 한다. 의신사에서 바라보면 유두봉이 바로 문필봉이자 신기를 불러일으키는 신령한 봉우리로 작용하였을 것이다. 이 근처 지명의 특징 중 하나는 바로 신神 자가 들어간다는 것이다. 영신대靈神臺, 신흥사神興寺, 의신사義神寺에 모두 신神 자가 들어간다고 해서 삼신동三神洞이다. 삼신동이라는 이름은 고운 최치원이 붙여놓았다. 사람이 신기神氣가 없으면 물질과 헛된 벼슬에 집착한다. 세상을 돈과 권력으로만 보는 것이다. 신기가 있는 사람은 대자연과 물아일체 감物我一體感을 느낀다. 돈과 권력보다도 더 높은 곳에 있는 행복이 대자연과 합일하는 것이다. 대자연과 일체가 되어 있는데 더이상 무엇이 필요하겠는가! 물아일체의 경지에 도달하려면 신기의 개발과 축적이 절대적으로 필요하다. 아무 데서나 신기가 개발되는 게 아니다. 신령한 땅에서 가능하다. 그 땅이 지리산 삼신동이라고 우리 조상들은 생각했던 것이다.

지리산 깊숙한 곳, 의신사가 당취 본부가 될 수 있었던 배경에는 서산 대사가 있었다. 서산 대사가 머리 깎은 곳이 원통암이고, 이 원통암은 의신사에서 1시간 정도 산 위로 올라가면 도달하는 곳이다. 친구들과 지리산에 놀러왔다가 머리 깎은 인물이 서산 휴정이다. 그러니까 의신사 일대는 서산 대사의 '나와바리'에 해당한다. 이 근방 일대에 서산 대사의 자취가 남아 있다. 우선 신흥사에서 의신마을까지 계곡을 따라 올라오는 길이 현재 지리산 둘레길 가운데 가장 아름다운 코스이기도 한 '서산 대사길'이다. 그리고 의신마을 오기 전에 있는 동네가 단천이다. 단군 단檀 자를 써서 단천檀川이다.

서산 대사의 우주관과 불교적 깨달음의 공간

단천마을 계곡에는 집채만 한 커다란 바위가 있고, 거기에는 '全崔興命(전최흥명)'이라는 글자가 파자破字 형식으로 새겨져 있다. 매우 미스터리한 글씨인데, 서산 대사는 전주 최씨였다. '전주 최씨가 새롭게 왕조를 세운다'는 뜻으로 해석한다. 경상대학교 손병욱 교수는 이 바위에 새겨진 글씨를 풀어내기 위해 책 한 권을 썼을 정도이다. 그 요지는 서산 대사가 이 글씨를 새겼을 거라는 추측이다. 서산 대사가 새로운 왕조를 일으킬 운명이고, 자신이 한때는 그러한 야심을 품었다는 것이고, 이 일대의 당취들이 서산 대사를 새로운 시대를 열어갈 인물로 믿었다는 것이다. 이렇게 놓고 본다면 서산 대사는 조선 중기 임진왜란 이전에는 당취들의 전국 대장이었다는 추론이 가능하다. 지리산, 금강산, 변산, 묘향산, 계룡산 등 전국 곳곳의 골짜기 암자와 산봉우리 사찰에 있었던 비밀결사 승려들의 연락망이 존재했었고, 이 당취들의 최종 우두머리는 서산 대사였다. 서산 대사가 출가하고 도를 닦던 곳이 지리산 의신사 일대였다. 서산 대사의 우주관과 불교적 깨달음의 공간은 지리산이었다. 지리산에서 뼈와 살이 형성된 셈이다. 따라서 서산이야말로 지리산파를 대표하는 인물이라고 해도 과언이 아니다.

의신사가 임진왜란 이후에 당취들의 본부사찰로 자리 잡을 수 있었던 이유는 지리적 이점도 있었지만 서산 대사의 유적지라는 점이 크게 작용했을 것이다. 임진왜란이 발발하자 전국의 승려들이 의승군을 조직하여 전투에 적극적으로 참여하였다. 산속에 있던 승려들이 어떻게 전쟁터에 바로 참여할 수 있었는가? 이것도 의문이다. 전쟁은 죽으러 가는 길이기도 하다. 피와 살이 튀는 현장이다. 누구나 무섭고 기피하는 현장이다. 죽기 좋아하고 목이 끊어지는 현장을 좋아하는 사람은 없다. 그런데 어떻게 승려들이 이 치열한 전쟁터에 대거 참여했는가? 이것이 조선 불교사에 커다란 미스터리다. 더군다나 승려는 유교사회에서 천민으로 취급받던 계층이었다. 국가에 대한 아무 책임도 없는 천민이 어찌 전쟁터에 나간단 말인가! 로마를 비롯한 세계 제국에서 전쟁은 귀족이 지휘하고 참여하는 것이었고 시민권자가 칼 들고 싸움하는 것이었지, 노예나 천민은 전쟁에 참가할 자격이 없었다. 천민은 어느 쪽이 승자가 되든지 그 밑에서 복무하고 밥이나 먹을 수 있으면 되는 상황이었다.

결론부터 말한다면 군사훈련이 된 당취들이 임진왜란 이전에 이미 비밀리에 조직되어 있었다. 철저한 비밀 조직이었다. 오로지 승려로만 구성된 전투 조직이기도 하였다. 서산 대사가 이 비밀 조직의 수장이었는데, 갑자기 전쟁이 터져서 백성들이 일본군의 칼 아래 목이 날아가고 팔다리가 떨어져나가는 참상을 보다 못한 승군들이 전투에 참여한 것이다. 사명 대사, 중봉 조헌과 같이 싸운 계룡산 갑사의 영규 대사, 행주산성 싸움에서 결정적 역할을 한 뇌묵처영 대사 같은 승장僧將들이 서산이 미리 양성해 놓은 제자들이었다고 한다. 임진왜란 이전에 이런 당취 조직이 이미 형성되어 있었기에 난리가 터지자마자 바로 전투에 투입될 수 있었던 것이다. 사전에 조직이 안 되어 있었더라면 불가능한 일이다.

작은 나무집에서 25년 수행

여기까지가 필자가 이미 파악하고 있던 정보이다. 우연히 지리산에 등산 갔다가 지리산을 수백 번 오른 바 있는 산꾼을 만났다. '유목민' 김중호(59세)라는 인물이다. 건축 감리하는 일이 직업이지만 틈만 나면 지리산 골짜기들을 훑고 다녔다. 어느 봉우리, 어느 등산 루트, 어디에 가면 뭐가 있고 누가 사는지 훤하게 안다. 김중호 산악대장이 자주 찾아뵙고 가르침을 받는 스님이 있다. 스님이 사는 데를 한번 가보자고 나를 데려간 곳이 연암난야이다. 의신마을에서 빗점골로 조금 더 올라가는 계곡 옆의 산자락에 있다. 빗점골 계곡의 물소리가 길에서 생생하게 들리는 지점이다. 도로에 차를 세워 놓고 돌계단을 150m 정도 걸어 올라간다. 돌계단을 따라 올라가다 보니까 불그스름하고 가느다란 꽃무릇이 계단 사이로 피어 있다. 요즘이 꽃무릇이 필 때다. 옛날 절터 옆에는 꽃무릇을 많이 심어 놓았다. 꽃무릇의 뿌리에서 나오는 물감이 탱화나 벽화의 물감 소재로 활용되었기 때문이다.

계단을 갈지자로 올라가 보니까 대여섯 평 남짓 되어 보이는 자그마한 목재집이 나타난다. 연암난야이다. 난야에서 수행하고 있는 분은 도현道玄 스님이다. 출가한 지 45년, 세수로 일흔하나이다.

"이 난야에서 사신 지는 얼마나 되었습니까?"

"25년째입니다. 터가 편안하다 보니까 어디 다른 데서 살고 싶은 마음이 안 드네요."

"왜 난야라고 편액을 붙여놓았습니까?"

"저는 사찰과 같은 건물 형식이 아니라 그냥 개인의 조용한 수도처인 이 난야가 좋습니다."

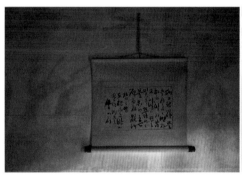

법정 스님 글씨

"그러면 퀘이커파(무교회주의자)인 셈입니까?"

"그렇다고 말할 수 있네요."

"이 근방에 서산 대사 수행터가 곳곳에 있는데요. 서산 대사는 어떤 수행법으로 도를 닦았을까요?"

"화두를 잡았을 겁니다. 그 당시는 화두선話頭禪이 유행할 때니까요."

"저는 대학 다닐 때 '이 뭐꼬' 화두를 무리하게 잡았다가 머리로 열이 오르는 상기증에 걸려서 고생했습니다. 화두를 섣불리 붙들고 있다가는 부작용이 많은 것 아닌가요?"

"화두를 잡을 때 반드시 도를 깨쳐야겠다는 굳은 각오를 하고 잡으면 대개 상기증이 옵니다. 도를 깨치겠다는 마음 없이 화두를 잡아야 부작용이 없습니다. 살면서 저절로 화두가 잡혀야 합니다. 자연스럽게 화두를 잡아야만 합니다. 자기 내면에서 화두가 올라와야죠."

도현 스님은 태국에서 5년간 위빠사나 수행을 하기도 하였다. 남방불교의 실상에 대해서도 많은 정보를 가지고 있었다.

"남방불교와 북방불교, 그러니까 소승불교와 대승불교의 차이를 뭐로 보십니까?"

"남방불교는 아주 세밀하고 분석적입니다. 불교 교리에 집중합니다. 날씨가 덥고 산이 별로 없는 평지에 사원이 있으니까 자기의 육신, 마음의 움직임에 대해 집중합니다. 주변 환경에는 별다른 관심이 없어요. 그러나 중국을 비롯한 한국은 주변에 산이 좋습니다. 신록이 우거지고 계곡 물소리와 바위, 그리고 새소리가 들리죠. 이런 환경은 신선들이 배출될 만한 자연환경입니다. 북방불교는 이런 자연환경을 감상하고 즐기는 멋이 있습니다. 이런 멋이 있는 게 북방의 특징이라고 생각합니다. 남방은 다분히 건조하게 자기 마음의 움직임에만 집중하는 데 반해서 북방은 사계절의 순환이 있고 아름다운 산이 많으니까 자연환경과 일체가 되는 성향이 있죠. 도가적인 취향과 섞여 있는 게 북방불교의 특징이라고 봅니다."

한 곳에 집중하면 그것이 도道

도현 스님은 30대에 법정 스님을 따라다닌 적이 있다. 같이 어떤 절에 가면 도현은 무심코 지나가는데, 법정 스님은 입구의 절 소개 간판을 유심히 들여다보면서 뭔가를 기록하고 정보를 수집하는 게 인상적이었다고 한다. 필자는 원고마감 직전에는 전화도 받지 않고 사람들 면회도 모두 사절한다. 그러다가 원고의 줄거리가 잡히면 그때는 일사천리로 글을 써내려간다.

"글을 쓸 때 저는 제목이 생각나면 그 원고의 80%는 다 쓴 셈입니다. 나머지는 살만 갖다 붙이면 됩니다. 제목이 가장 문제이죠."

"그런 정도이면 불교에서는 무공능無功能이라고 합니다. 특별하게 애를 쓰지 않더라도 수월하게 이루어지는 경지입니다. 조 선생도 무공능의 경지에는 도달한 것 같네요."

"저는 그저 먹고살려고 글을 썼을 뿐입니다. 도는 못 닦고 글만 쓰다가 좋은 시절 다

보낸 것 같습니다."

"도가 따로 있나요. 한 곳에 집중하면 그것도 도입니다. 글을 쓰는 작업도 객관적으로 자기를 들여다봐야 하니까 일종의 수행이지요. 수행했다 생각하세요."

연암난야를 가만히 살펴보니까 명당이다. 도현 스님 말로는 조선시대 부용영관(芙蓉靈観, 1485~1571년) 스님이 이 터에서 공부했다고 한다. 부용영관은 고려 말 태고보우의 법통을 서산 대사에게 전한 인물이다. 말하자면 서산 대사의 스승이다. 난야의 뒤편에 약간 네모진 형태의 집채만 한 바위가 서 있다. 덕평봉의 남쪽으로 내려온 줄기 끝자락에 자리 잡고 있다. 수행터 뒤에 이런 육중한 바위가 있으면 상서로운 증거이다. 이 바위에서 에너지가 들어온다는 징표이기 때문이다.

개인 주택이면 너무 센 기운이 들어오는 상황이지만, 도를 닦는 수행자에게는 에너지가 셀수록 좋다. 대기권을 벗어나려면 에너지가 강해야 한다. 난야의 앞으로 보이는 지리산 영봉들도 병풍처럼 둘러싸고 있다. 앞이 터진 것 같으면서도 멀리서 1,000m급 지리산 봉우리들이 병풍처럼 도열해 있으니까 기운을 저장해주는 효과가 있다. 그리고 난야로 올라오는 계단에서 보니 난야 터의 밑바탕에 거대한 바위가 떠받치고 있다. 마당 끝자락에 떠받치는 바위들이 있다는 것도 역시 수행터의 조건이다. 기운이 밖으로 밀려 나가지 않고 막아주는 역할을 한다. 그리고 빗점골 계곡의 물소리도 은은하게 들린다. 물소리는 잡념을 사라지게 해주는 효과가 있다. 하지만 계곡 물소리가 너무 크게 들리면 부담이 된다. 적당히 은은하게 들려야 좋은 것인데 이 난야 터는 적당하게 들린다. 해발 400m 높이에 있어 여름에는 화개읍내와 온도 차가 3~4도 정도 난다. 삼복 더위에도 에어컨 없이 살 수 있는 터이다. 터를 적당하게 감아도는 계곡물, 바위가 밑에서 받쳐주고 있다는 점, 그리고 건물 뒤의 입수맥入首脈 자리에 서 있는 큰 바위, 정갈한 도량, 붉은색의 꽃무릇, 깔끔한 스님이 어우러진 난야는 지리산의 또 다른 영지이다. ⛰

다만 미워하지 않고 애착하지 않으면

그대로 환하게 드러나리니.

_ 승찬

왜 이제
산에 왔니?
지금이라도
안 늦었다

덕유산 영각사

함양은 사방이 온통 명산들로 둘러싸여 있다. 북쪽으로는 덕유산이 있다. 덕유德裕라는 말이 얼마나 좋은가? 덕이 풍부해서 여유로운 산이라는 의미이지 않은가. 남쪽으로는 지리산이 있다. 동북쪽으로는 합천 가야산이 있다. 또 옆으로는 황매산도 있다. 해발 1천 미터급의 산들이다. 백운산도 있다. 백운산도 1천 미터급이다. 백운산 상연대는 도선 국사 이래로 명당으로 손꼽혀온 터이다. 이런 명산들이 함양 주변을 둘러싸고 있으니까 도사들이 여행을 하다가 이곳에 머물면서 온갖 정보들을 수집했다. 함양은 도사들의 터미널이다.

남덕유산 자락에 있는 영각사靈覺寺. 영각사를 이해하기 위해서는 지리학, 그 중에서도 풍수지리까지 포함한 인문지리를 공부할 필요가 있다. 영각사는 함양군 서상면이 행정구역이다. 덕유산德裕山이 남쪽으로 내려와 뭉친 봉우리가 남덕유산이고, 함양은 이 남덕유산이 배산背山을 이루고 있다. 말하자면 함양의 뒷산이 남덕유산이고 앞산이 지리산이라고 볼 수 있다. 지리산의 북쪽인 마천 쪽의 봉우리들은 함양에서 보면 남쪽에 포진하고 있는 안산案山이자 조산朝山이다. 안산은 무엇이고, 조산은 무엇인가? 안산은 바로 코 앞에 밥상처럼 놓여 있는 산을 가리키고, 조산은 안산보다 더 멀리 있는 산을 가리킨다. 그렇다면 할아비 조祖를 쓰는 '조산祖山'은 무엇인가? 조산祖山은 뒷산이자 뒷산에서 내려오는 산맥을 말한다.

함양은 덕유산(남덕유산 포함)이 조산祖山에 해당하고 지리산이 조안산朝案山에 해당한다는 사실을 염두에 둬야 한다. 그 터가 오래 가는 장수의 터냐, 아니면 짧게 반짝하다 마는 단명의 터냐 하는 문제는 뒷산인 조산祖山의 형태가 구불구불 길게 내려왔는가가 결정한다. 반면에 부富와 귀貴는 대체적으로 앞에 놓여 있는 안산과 조산朝山이 어떤 모양이냐에 따라 결정된다고 보는 것이 풍수가에서 말하는 일반적인 이야기이다.

함양은 뒷산인 덕유산 자락보다 앞에 놓여 있는 지리산이 더 높고 크기 때문에 외부에서 들어오는 인물들이 안에 있는 인물보다 더 크고 비중이 있다고 본다. 예를 들면 함양 군수를 지냈던 최치원 같은 인물이다. 최치원뿐만이 아니다. 역대 기라성 같은 인물들이 함양에 들어와 살았다. 그러다 보니 함양은 조선시대 선비의 고장이라고 여겨졌다. 경상도에서 '좌안동 우함양'이라는 말이 그래서 생긴 것이다. 경상좌도에서는 안동에 인물이 많고 경상우도에서는 함양에 인물이 많다는 말이다. 함양은 외부에서 큰 인물들이 들어와 살기 좋은 터라는 이야기도 된다. 풍수라는 것이 미시적으로는 검증하기 어렵고 황당하게 여겨지는 담론 체계이지만 시간을 장기적으로 수백 년, 수천 년 단위로 놓고 볼 때는 일리가 있다. 풍수야말로 망원경으로 놓고 보아야 하는 '롱-텀 플랜Long Term Plan'이다.

도사들의 터미널, 함양

도사를 추적하는 필자와 같은 사람의 관점에서는 함양이 또 다르게 보인다. 사람은 자기 안경대로 사물을 보기 마련이다. 내가 보기에 함양은 도사들의 터미널이었다. 터미널이 무엇인가? 티켓 끊는 곳이다. 고속터미널에 가면 행선지가 어디냐에 따라 각기 다른 티켓을 산다. 그리고 그 티켓의 목적지로 향하는 버스를 타게 되어 있다. 필자는 함양에 들를 때마다 이곳이 도사들의 터미널이라는 생각을 해왔다. 함양은 사방이 온통 명산들로 둘러싸여 있다. 북쪽으로는 덕유산이 있다. 덕유德裕라는 말이 얼마나 좋은가? 덕이 풍부해서 여유로운 산이라는 의미이지 않은가. 덕유산은 육肉과 골骨이 적절하게 배분되어 있는 땅이다. 스테이크로 치면 미디엄쯤 된다.

남쪽으로는 지리산이 있다. 지리산으로 들어가는 입구가 옛날 같으면 함양이다. 함양군수로 발령받으면 지리산 유람은 기본이었다. 함양 동북쪽으로는 합천 가야산이 있다. 가야산이 또한 어떤 산인가. 남한에서 골산을 대표하는 산이 가야산이다. 또 옆으로는 황매산도 있다. 해발 1천 미터급의 산들이다. 황매산은 대표적인 육산이기도 하다. 백운산도 있다. 백운산도 1천 미터급이다. 백운산 상연대 같은 터는 도선 국사 이래로 명당으로 손꼽혀온 터이다. 이 백운산이 함양 관내에 포진하고 있으니 얼마나 좋은가. 그런가 하면 황석산도 있다. 황석산은 정상 부근이 바위 절벽으로 둘러싼 요새 지형이다. 임진왜란 때 황석산성 전투가 치열했었다. 일제 때 보천교 교주 차경석이 일제의 추적을 피해서 도망을 다녔는데, 도피생활 중에 정신을 가다듬고 하늘에 제사를 지낸 곳이 바로 황석산이다. 보통 산이 아니다.

그런가 하면 거창의 금원산과 기백산도 바로 지척이다. 금색 원숭이가 산다는 금원산, 깃발처럼 뾰족한 바위산인 기백산도 보통 영발이 강한 산이 아니다. 이런 명산들이 함양 주변을 둘러싸고 있으니까 도사 지망생 또는 중견 간부급 도사들이 여행을 하다가 이곳에 머물면서 주변 명산들의 정보를 수집했다. 어느 산에 어떤 도사가 요즘 초능력을 얻었다, 어디에 산삼이 많이 나온다, 어디서 누가 호랑이에 물려 죽었다 등등의 정보가 함양에 모인다. 도사들은 몇 달 함양에 머물면서 이 정보들을 토대로 자신이 들어가 수도할 산을 선택하였다. 함양에 있으면 주변 백 리 안에 있는 명산들의 정보를 모두 접할 수 있었던 것이다. 도사들도 한두 명이 아니고 여러 명이 모여 있다 보면 서로간에 정보교환이 이루어졌을 가능성이 높다. '내가 이북의 묘향산에서 몇 년 살아보았는데 물산이 어떻고 중국에서 넘어오는 노사들도 있더라!', '오대산의 숭대는 과연 빙빙이니니, 시시에서 식 딜만 살아도 기운을 확실히 받는다', '금강산은 차력과 축지를 하는 고단자들이 많더라. 금강산에서 내가 축지법을 쓰는 어떤 도사를 만나서 건봉사까지 몇 시간 만에 다녀오곤 하였다' 등등의 경험담을 서로 교환하는 장소로서 기능하였다. 그러니 터미널이라고 할만하지 않은가.

신라와 백제 사신들의 협상터

영각사가 자리잡고 있는 함양군 서상면은 그 지정학적 위치가 남다르다. 서상면은 함양 전체에서 보았을 때 서북쪽에 붙어 있다. 지금은 도로가 뚫려서 느낌이 사라졌지만 옛날 걸어다니던 시절에는 오지 중에 오지였다. 바로 육십령 고개 아래에 있는 동네였기 때문이다. 육십령은 남덕유산(1,507m)과 백운산(1,279m) 사이에 움푹 꺼져 있는 지점이라서 사람들이 넘나들 수 있는 고갯길이 일찍부터 형성되었다. 육십령 고갯길은 해발 730m이다.

조령이 643m이고 죽령이 689m, 남원의 팔랑치 고개가 513m이다. 죽령과 조령은 경상도에서 서울로 올라갈 때 넘어가는 고갯길이고 육십령과 팔랑치는 경상도에서 전라도로 넘어올 때 거쳐야 하는 고갯길이었다. 대표적인 4개의 고갯길이다. 이 4개의 고갯길 가운데 가장 높은 고갯길이 바로 육십령이다. 경상도 함양 서상면과 전라도 장수 장계면을 넘어 다니는 고개이다.

이름도 특이하다. 왜 육십령인가? 옛날부터 이 고갯길에는 도적떼가 들끓었다. 그만큼 산세가 깊고 험했다는 이야기이다. 도적들은 고개에 은신해 있다가 보부상 또는 행인들의 봇짐을 털었다. 산적들로부터 봇짐과 목숨을 지키기 위해서는 여러 사람이 떼를 이루어 고개를 넘어가는 방법이 안전하였다. 적어도 60명 이상이 떼를 이루어 고개를 넘어가야만 안전하였다고 해서 고개 이름이 육십령이었나는 선설이 전해진다. 지금은 전라도와 경상도의 고갯길이지만 과거에는 신라와 백제의 국경지역이었다. 백제와 신라가 섞이는 지역이었고, 조선시대 이래로 전라도와 경상도 문화가 섞이고 교류하는 지역이었다. 예를 들면 전북 장수군 출신이었던 논개가 임진왜란 때 진주성에 가서 왜장을 껴안고 같이 죽는다. 이 논개의 무덤이 현재 함양군 서상면 방지芳池 마을에 있다. 육십령을 사이에 두고 생가 터와 무덤이 각각 자리잡고 있는 셈이다.

함양군 서상면의 영각사도 신라, 백제의 사신들이 서로 만나서 의견을 조율하던 장소였다고 전해진다. 영각사 터를 들어섰을 때 가장 눈에 띄는 점은 문필봉이다. 화엄전 건물 뒤로 문필봉이 아주 또렷한 형태로 뒤를 받치고 있다. 붓의 끝 지점은 약간 뭉툭하다. 붓끝에 먹물을 찍어 놓은 형태와 같다. 영각사 주지인 덕일德一 스님에게 절의 고도를 물어 보니 해발 1,200m라고 한다. 남덕유산의 지맥이 내려와서 우뚝 솟아 있는 것이다. 대승불교 사상을 총집합시킨 화엄사상. 이 화엄사상의 정수를 모아 놓은 화엄전華嚴殿을 바로 문필봉 아래에 정확하게 포진시켜 놓은 것이다.

화엄경 목판을 보관한 이유

문필봉이라고 다 같은 것은 아니다. 반듯한 문필봉이 있고 약간 기우뚱한 문필봉도 있다. 봉우리 끝이 섬세하느냐 아니면 두루뭉실 하느냐는, 터에서 배출되는 문장가나 학자의 붓끝이 예리하게 작동하느냐 아니냐의 문제로 귀결된다. 영각사 뒷산의 문필봉은 아주 정확하면서도 반듯한 문필봉의 형태를 갖추고 있다. 여기에다가 앞산에 또 하나의 문필봉이 포진하고 있다. 영각사 앞으로 조산이 보이는데 그 이름이 계관산鷄官山이다. 이름하여 '닭벼슬봉'이다.

계관산은 'V'자 형태의 홈이 파져 있다. 그래서 멀리서 보면 닭벼슬같이 생겼다. 벼슬의 원형은 닭벗, 닭벼슬이다. 닭벼슬이 있으면 그 터에서 벼슬한 사람이 많이 나온다고 본다. 요즘 같으면 시험 합격이다. 고시공부나 명문대학 합격 같은 기도를 하면 효험을 볼 수 있다. 서울 관악산 연주대가 닭벼슬 위에 얹혀 있는 암자인데, 영각사 앞으로 멀리 보이는 조산朝山이 바로 계관산이다. 이 계관산의 'V'자 홈의 왼쪽 부분이 아주 뾰족한 삼각형으로 되어 있다. 내가 보기에는 이것이 문필봉이다. 문필봉 중에서도 급수가 높은 재상필봉宰相筆鋒으로 보인다. '재상필'은 문필봉이 크지 않고 작게 보이면서도 아주 단단하고 야무진 삼각형의 모습이다. 조선조 황희 정승 선조묘 앞에 재상필이 보이는데, 이 재상필봉 때문에 손자가 정승이 되었다고 풍수가에서는 전해진다.

그러한 형태의 재상필이 영각사 앞에 멀리 보이는 계관산의 왼쪽 바위 봉우리 모습이다. 자, 그렇다면 영각사 앞뒤로 이처럼 잘생긴 문필봉이 포진하고 있으면 어떤 터가 되는 것인가? 어떤 영험이 있단 말인가? 이 터는 합격 기도발도 작동하지만, 석학 또는 대학승이 거처할 만한 곳이다.

영각사는 876년 신라시대 헌강왕 때 창건되었다. 심광(心光, 深光) 대사라는 분이 창건하였는데 한때 19개의 동의 전각과 13개의 암자가 소속되었을 만큼 쾌 큰 규모였다.

구광루와 샘물

심광 대사에 이어 조선 시대 때 설파상언(雪坡尙彦, 1707~1791년)이라는 고승이 주석하였다. 설파상언은 대학승으로, 조선 후기를 대표하는 학승이다. 특히 화엄학에 정통하였다고 전해진다. 설파상언은 전북 고창 출신이었는데, 주로 영각사에 머물렀고 이곳에서 열반하였다. 그만큼 자신의 취향에 잘 맞았던 터가 영각사라고 볼 수 있다. 흥미롭게도 설파상언의 부도가 남아 있는 곳은 전북 순창의 구암사이다. 구암사 터도 또한 문필봉이 빼어난 터이다. 그래서 조선후기 구암사에는 대학승으로 유명했던 백파긍선(白坡亘璇, 1767~1852년)과 설파상언의 자취가 남아 있고 부도탑까지 있다. 함양 영각사와 순창 구암사가 모두 문필봉의 기세가 뛰어난 도량이고, 이 문필봉 도량에 당대의 석학 스님 유적이 남아 있는 셈이다.

설파상언은 당시 화엄경판이 보존되어 있던 낙안의 징광사에 불이 나 판각이 소실되자, 복원사업을 벌려서 다시 만든 화엄경 목판들을 영각사에 보관하였다. 왜 어렵사리 많은 돈을 들여 영각사에 장경각을 세우면서까지 보관하였을까. 그만큼 영각사가 화재에 안전한 데다 깊숙한 지대에 위치하여 외부의 침탈 변수가 적을 것이라고 보았던 것 같다. 또 문필봉이 빼어난 터라는 점도 고려 대상이었을 것이다.

문필봉 기운을 받아 불경을 찍어내다

그러나 아무리 명당이라도 역사의 참화를 완전히 피해갈 수는 없다. 한국전쟁과 빨치산 토벌 때 영각사의 많은 건물들이 화재로 소실되었다. 유일하게 남은 건물이 지금 절 앞에 서 있는 구광루九光樓이다. 시커먼 색깔의 목조 2층 건물이다. 목조 건물이 2층으로 건축된 경우는 드물다. 쉽게 볼 수 있는 건물이 아니다. 목조 건물의 고풍스러운 멋이 어려 있으면서도 어딘지 모르게 신식의 느낌도 묻어 난다. 덕일 스님에게 물어보니 1911년에 지어진 건물이라고 한다.

"상량문에 '開國 520년'이라고 써 있습니다. '開國'이라는 글자를 함부로 쓸 수 없었던 시대였습니다. 개국은 조선왕조가 문을 연 지 520년이란 뜻입니다. 1910년에 일제와 합방이 되지 않았습니까? 그런데도 상량문에 '개국'이란 글자를 삽입시킨 배경에는 당시 영각사 스님들의 자존심과 항일정신이 배어 있는 것입니다. 구광루를 지은 것도 영각사 스님들이었으니까요."

영각사의 문필봉 기운을 상징하는 건물은 현재 구광루이다. 불경을 찍어내고 목판을 보관하는 용도였다고 한다. 출판과 도서관의 기능을 하기 위한 건물이었던 셈이다. 영각사 스님들이 보기에 절터 앞뒤로 문필봉이 포진한 장소에 책을 펴내는 건물을 짓는 것이 여러 가지로 합당하다고 보았던 것이다. 스님이기에 앞서 대석학이었던 설파상언이 영각사에 장경각을 세웠던 전통을 계승한 건물이기도 하였다.

영각사 터에서 하나 더 눈여겨볼 대목은 물이다. 경내의 네모진 석조에 물이 철철 넘친다. 나는 절에 가면 물맛을 유심히 살펴보는 버릇이 있다. 물맛이 좋아야 도통한다고 생각하는 탓이다. 물은 매일 먹어야 되는 액체이다. 각종 미네랄이 많이 함유되어 있어야 도를 제대로 닦는다. 건강이 유지되어야 도를 닦는다. 건강의 일정 부분은 물에 달려있다. 영각사 물은 부드럽고 맛이 좋다. 퀄리티 있는 삶이란, 좋은 물을 먹고 좋은 공기를 마시는 일이다. 영각사 물을 날마다 마실 수 있으면 이 또한 멋진 일이다.

주지스님과 인사하고 영각사 정문을 나서는데 앞으로 날카로운 바위 봉우리가 보인다. "투구봉라고 부릅니다"라고 스님이 답한다. 산꾼들은 이 암봉을 칼날봉이라고 부른다. 투구봉을 시작으로 해서 월봉, 거망산, 황석산의 1천 미터급 영봉들이 용의 등줄기처럼 계속해서 이어진다. 온통 신령스런 영봉들로 둘러쌓인 함양 영각사. 그 영봉들에 깃들어 있는 산신령이 나에게 말을 건다. "왜 이제야 산에 왔니? 지금이라도 안 늦었다." ▲▲

입으로 읽지 말고 뜻으로 읽으며,

뜻으로 읽지 말고 몸으로 읽자.

＿ 석가모니

그대여, 머리 위로 별을 바라볼 수 있으면 아직 좋은 날이다.

조용헌의 영지순례 靈地巡禮

ⓒ 조용헌, 2020

2020년 12월 10일 초판 1쇄 발행
2022년 11월 17일 초판 5쇄 발행

지은이 조용헌
발행인 박상근(至弘) • 편집인 류지호 • 상무이사 김상기 • 편집이사 양동민
편집 김재호, 양민호, 김소영, 권순범 • 그림 구지회 • 사진 유동영, 불광미디어DB • 디자인 쿠담디자인
제작 김명환 • 마케팅 김대현, 정승채, 이선호 • 관리 윤정안
펴낸 곳 불광출판사 (03150) 서울시 종로구 우정국로 45-13, 3층
　　　　대표전화 02) 420-3200 편집부 02) 420-3300 팩시밀리 02) 420-3400
　　　　출판등록 제300-2009-130호(1979. 10. 10.)

ISBN 978-89-7479-878-9 (03100)

값 25,000원